LE PREMIER SECRÉTAIRE PERPÉTUEL
DE L'ACADÉMIE DES SCIENCES

J.-B. DU HAMEL

PRÊTRE DE L'ORATOIRE, CHANCELIER DE L'ÉGLISE DE BAYEUX

THÈSE

POUR LE DOCTORAT EN THÉOLOGIE,

PRÉSENTÉE

A LA FACULTÉ DE PARIS, EN SORBONNE,

PAR

L'ABBÉ AUGUSTIN VIALARD,

Docteur en Théologie, Docteur en Droit Canonique,

Licencié ès Lettres.

PARIS

G. TÉQUI, LIBRAIRE-ÉDITEUR

85, rue de Rennes, 85.

1884

J. B. DU HAMEL

Paris. — Imprimerie G. Téqui, 92 rue de Vaugirard.

J.-B. DU HAMEL

PRÊTRE DE L'ORATOIRE, CHANCELIER DE L'ÉGLISE DE BAYEUX.

THÈSE

POUR LE DOCTORAT EN THÉOLOGIE,

PRÉSENTÉE

À LA FACULTÉ DE PARIS, EN SORBONNE,

PAR

L'ABBÉ AUGUSTIN VIALARD,

Docteur en Théologie, Docteur en Droit Canonique,
LICENCIÉ ÈS LETTRES.

PARIS

G. TÉQUI, LIBRAIRE-ÉDITEUR

85, rue de Rennes, 85.

1884

DEDICACE

A MON ONCLE,

M. L'ABBÉ C. VALEILLE,

En vous faisant hommage de ma Thèse, je suis bien heureux de ne pouvoir me dire, si j'obéis surtout à l'élan naturel de mon cœur, au sentiment de la reconnaissance. ou au devoir de la justice.

A. V.

INTRODUCTION

Le **xvi**e siècle compte peut-être moins dans l'histoire, par la diffusion de l'imprimerie et la renaissance des lettres que par l'immense mouvement théologique dont il fut témoin. Luther, Calvin, Mélanchton et Zuingle, voulurent être, avant tout, des théologiens, et il n'y a rien eu, dans les temps modernes, de plus considérable que leur enseignement et ses conséquences.

Du reste, dès les premières attaques contre l'orthodoxie, les catholiques avaient accepté le défi des novateurs et brillamment défendu la cause de l'Écriture et de la Tradition.

Cajétan, Victoria, les docteurs de Salamanque, de Bologne et de la Sorbonne avaient tour à tour ou simultanément publié des thèses, des dissertations, des ouvrages, qui seront longtemps estimés comme de précieux monuments de bonne foi, de science et de raison.

Le Concile de Trente, par tant de discussions au milieu desquelles il prépara son œuvre, et tant de définitions sur presque tous les points du dogme révélé, vint animer encore, en même temps que discipliner l'ardeur des théologiens.

L'institution des premiers séminaires et la fondation de plusieurs compagnies religieuses n'aidèrent pas moins au recrutement des publicistes qu'à l'efficaté de leurs savantes entreprises ; il y eut entre les ordres anciens et les sociétés nouvelles une féconde émulation.

A côté des Franciscains et des Dominicains, les Somasques, les Théatins, les Barnabites et les Oratoriens ne tardèrent pas à mériter une place d'honneur comme auxiliaires de l'Église.

Grâce à des circonstances particulièrement glorieuses et favorables, la Compagnie de Jésus produisait un plus grand nombre encore de théologiens illustres et d'œuvres décisives.

Bellarmin, Molina, Tolet, De Lugo, Suarez, Lessius et Vasquez obtenaient des encouragements, des applaudissements et des suffrages qui les vengeaient d'avance des éloquentes invectives de Pascal.

Deux caractères, au XVIe siècle, marquèrent la plupart des publications ; elles paraissaient avec un but nettement indiqué de réfutation, d'attaque ou de défense : elles étaient polémiques. Presque toujours elles se produisaient dans le domaine général de la révélation et, leurs auteurs ne se donnaient que comme les fidèles interprètes des Saintes Ecritures : elles étaient strictement théologiques.

Chez les docteurs catholiques, comme chez leurs adversaires, il y avait sans doute des digressions philosophiques, des explications de termes et des revendications de principes, où le raisonnement n'avait pas une moins

grande part que la croyance ; mais, en réalité le point de
vue de la théologie dominait tous les autres dans l'ensemble de l'enseignement ou de l'ouvrage ; les livres
entiers n'étant que rarement l'œuvre de philosophes proprement dits.

Au xviie siècle, l'initiative de Bacon et de Descartes
changea brusquement le terrain de l'activité intellectuelle.
Les questions à débattre entre les grands esprits portè-
rent moins désormais sur l'intelligence des textes révélés
et l'interprétation des dogmes admis que sur le fondement même des certitudes, sur les droits de Dieu et
de l'âme humaine, ces deux objets suprêmes de la
science.

Pour les ecclésiastiques et les religieux qui avaient reçu
de Dieu le don de convaincre avec la mission d'enseigner
leurs frères, il y eut lieu, plus nécessairement, de remon-
ter aux principes de la connaissance, d'embrasser dans
leurs discussions un cercle d'études plus étendu, de
juger, eux aussi, à la lumière des vérités premières,
l'importance et les suites probables des découvertes récentes.

L'ère des grandes œuvres théologiques paraissait pro-
visoirement close. Le temps était aux livres de synthèse
et de philosophie.

Or, c'est une loi de l'histoire bien des fois justifiée par
les évènements, que l'Église n'a jamais à attendre longtemps le genre d'assistance et de ressources dont les
circonstances lui laissent éprouver le besoin. Le siècle de

Bacon, de Descartes, de Leibnitz fut aussi le siècle d'Arnauld, de Bossuet. de Fénelon, de Pascal, de Huet, de Malebranche, de Faydit, des deux Lamy, de du Hamel et de tant d'autres philosophes catholiques.

A l'originalité de leur système, et à l'éclat de leur polémique, plus souvent peut-être à la richesse ou à la force du langage dans lequel ils exprimaient leurs convictions, quelques-uns durent une large part de gloire que la postérité n'a point diminuée.

Les autres s'étaient imposé de continuer les vénérables traditions de l'enseignement ecclésiastique ; ils avaient voulu ne consacrer les fruits de leurs méditations et de leurs veilles qu'à une partie déterminée du public ; ils s'étaient contenus dans l'appareil classique des âges précédents et n'avaient parlé ou écrit qu'en latin.

Aussi profonde parfois que celle de leurs glorieux rivaux, leur action était moins étendue, et leur œuvre de solitude et de silence n'avait pas été couronnée d'une éclatante réputation.

Mais quelques-unes des idées les plus justes et les plus importantes de la philosophie nouvelle n'avaient pénétré que par leur intermédiaire dans l'intelligence publique. Ils avaient eu, au plus haut degré, ces trois dons de l'esprit sans lesquels il n'y a plus de succès réel : l'érudition, l'impartialité et la méthode. Plus d'une fois d'ailleurs, il leur était venu des hommages qui ressemblaient de bien près à la gloire ! leur modestie et leur désintéressement les avaient mal protégés contre la considération universelle, la confiance des puissants et l'amitié des sages.

Professeurs véritables de leur siècle et de la société d'élite au milieu de laquelle ils vécurent, vulgarisateurs infatigables des notions philosophiques qui marquent le plus sûr progrès des temps modernes, conciliateurs dévoués et patients de la philosophie et des sciences nouvelles qui n'eurent pour eux aucun secret, ils méritent de ne pas être oubliés.

Ce travail est consacré pécisément à celui d'entre eux qui parcourut la carière la plus longue et, sans doute, la mieux remplie. Théologien, philosophe, physicien, chimiste, astronome, latiniste, J.-B. du Hamel cultiva avec amour toutes les sciences humaines ; il ne fut médiocre dans aucune, il excella dans plusieurs, et nul ne contribua plus que lui au développement intellectuel de ses contemporains dans tous les ordres de l'étude.

Prêtre éminent par ses vertus autant que par ses connaissances et ses talents, il honora l'Église de France et la société religieuse à laquelle il appartint pendant quelques années, encore plus qu'il ne s'honora lui-même ; il fut le modèle accompli de ceux qui ont la vocation d'instruire et l'ambition de persuader.

Nous n'avons pas d'autre désir que de laisser sous cette impression ceux qui liront nos quelques pages ; les mérites si variés et si incontestables de du Hamel ont fait d'avance notre tâche trop grande : dans le cadre qui lui est imposé aujourd'hui, elle ne peut être qu'un essai.

SOURCES MANUSCRITES OU IMPRIMÉES

Sans être abondants ni surtout ordonnés, les documents ne manquent pas sur du Hamel. Plusieurs manuscrits, soit aux bibliothèques de Caen (1) et de Vire (2) soit aux archives nationales (3) conservent de précieux souvenirs sur sa famille.

Nicéron, Dupin (4), Struvius (5) les Pères jésuites de Trévoux (6) Graveson (7) Morhof, etc., et en ces derniers temps MM. Bertrand, Luguet, L. Couture et Morin Lavallée lui ont fait une place dans leurs recueils biographiques ou leurs comptes-rendus, et ils ont honoré sa mémoire d'éloges mérités. L'éminent auteur de la Bibliographie oratorienne (8) a déjà publié la liste détaillée de ses ouvrages avec des indications historiques d'un grand intérêt.

LE NOM DE DU HAMEL

Le nom de du Hamel s'écrit avec deux orthographes : Duhamel, du Hamel. L'une et l'autre se recommandent de quelque grave autorité ; on trouve la première dans la

(1) Athenœ Normannorum.
(2) Manuscrit Asselin.
(3) Le P. Batterel, de l'Oratoire.
(4) *Auteurs ecclésiastique.*
(5) *Bibliothèque philosophique.*
(6) *Mémoires* (1702).
(7) *Histoire ecclésiastique.*
(8) *Bibliographie oratorienne p. 40 et suiv.* V. plus loin. 109.

plupart des publications contemporaines, notamment dans la *Bibliographie oratorienne* et dans les manuscrits de Caën. La seconde a pour elle l'usage de du Hamel lui-même ; dans ses lettres, dans ses préfaces, dans les priviléges qui lui ont été accordés, son nom est toujours écrit de la même manière : du Hamel.

On a confondu quelquefois du Hamel, avec d'autres personnages, ses homonymes de la même époque que la sienne, ou à peu près : avec son propre frère dont nous aurons à parler (1) avec l'abbé Robert Joseph Duhamel autour des *lettres flamandes* (2) et avec le fameux curé de Saint-Merry, panégyriste du cardinal de Retz. Nous n'avons trouvé la trace d'aucun genre de relations entre ce dernier et le pieux oratorien dont nous nous occupons ; rien de moins semblable d'ailleurs que leurs habitudes et leur caractère.

(1) V. plus loin. p. 18.
(2) Migne : Démonstrations Evangéliques.

BIOGRAPHIE DE DU HAMEL.

NAISSANCE, ÉDUCATION ET PREMIÈRE JEUNESSE DE DU HAMEL.

Moreri fait naître du Hamel en 1613, quelques autres biographes en 1623. La date réelle de sa naissance est 1624, l'année même de l'avènement de Richelieu au pouvoir.

Le père de du Hamel était un des principaux avocats de la ville de Vire en Normandie. Sa réputation d'intégrité, ses connaissances et surtout son esprit de conciliation lui assurèrent pendant toute sa vie sur le plus grand nombre de ses compatriotes un crédit sans limites. Il s'était particulièrement rendu célèbre dans le pays de Vire par son zèle à calmer les différends. Il arriva même à plusieurs membres du tribunal de Vire de lui témoigner de la mauvaise humeur à ce sujet, et de lui faire entendre, sans doute, qu'avec de pareilles pratiques, il n'était « ni bon Normand ni bon avocat. »

C'était comme un présage ; du Hamel hérita de toutes les qualités de son père, et, en particulier, de cet amour de la paix et de cette puissance de persuasion. Comme son père désarmait les intérêts ennemis, il travailla lui-même à la réconciliation des philosophies rivales. Le plus populaire de ses ouvrages fut celui où il s'efforça, avec le plus de sagacité, de rétablir l'harmonie entre les Écoles, entre les philosophes d'autrefois et les grands penseurs de son temps, le *de Consensu*.

Du côté de sa mère, du Hamel appartenait à une autre famille non moins recommandable que celle de son père, par la pratique des plus sérieuses vertus et le culte des sciences ou des lettres. Deux de ses ancêtres maternels avaient été, dans le gouvernement de l'abbaye du Bec, les successeurs de saint Anselme et de Lanfranc ; un autre avait été sur le siège d'Avranches, au nombre des prédécesseurs de Huet.

Du Hamel partit, encore enfant, de Vire, sa ville natale, pour aller à Caen y commencer ses études classiques. Dès le début on put reconnaître les belles facultés de son esprit : on le remarquait pour sa

grande puissance de travail, et son aptitude universelle aux divers exercices du collège ; il excellait
pour le latin comme pour les mathématiques, pour
les sciences naturelles comme pour l'histoire. D'un
âge bien moins avancé que la plupart de ses condisciples, il leur disputait néanmoins les couronnes
les plus honorables. Deux de ses compositions mé-
ritèrent d'être lus publiquement au Puy de la Conception. C'était une société littéraire instituée à Caen
vers le xi° siècle, et qui tenait ses assises annuelles
le jour de la Conception de la Vierge.

Le devoir de son père et de sa famille était tout
tracé : il fallait cultiver des dons si heureux dans
le milieu favorable entre tous à leur épanouisse-
ment. Le jeune étudiant fut donc envoyé à Paris :
il y apprit la rhéthorique et la philosophie.

Quand il quitta les bancs de l'école, il avait un
peu moins de dix-huit ans.

Quelques mois après, c'est-à-dire au commencement de l'année scolaire qui suivit, il fut désigné
pour professer les mathématiques à Paris même,
au collège de Maître-Gervais, et, à cette occasion, il
composa son premier ouvrage ; c'était un petit traité
où il expliquait avec une ou deux figures, et d'une
manière fort simple (1) les trois livres des Sphéri-

(1) Fontenelle. Éloge de M. du Hamel.

ques de Théodose. Pendant la durée de son professorat au collège de Maître-Gervais, il eut encore le loisir de composer et de livrer à l'impression une Trigonométrie. Il le regretta plus tard ; plusieurs lacunes importantes déparaient à ses yeux cet ouvrage de « jeune homme », et il s'y était glissé quelques hors-d'œuvre fâcheux. En réalité, il aurait dû considérer comme une double bonne fortune l'acte d'autorité qui l'avait fait monter dans une chaire, à l'entrée de la vie, et l'inspiration qu'il avait eue lui-même d'écrire, tout jeune encore et sur des sciences abstraites. Nous retrouverons cette pensée (1).

(1) V. plus loin p. 204.

DU HAMEL ORATORIEN.

Il ne conserva pas plus d'un an son premier titre de professeur et, à l'âge de dix-neuf ans, il entra à l'Oratoire.

La même année, Louis XIV, enfant, montait sur le trône de France, et pour la seconde fois, une date importante de la biographie de du Hamel était aussi une date importante de notre histoire nationale.

Introduite en France en 1612, par le cardinal de Bérulle, édifiée par le P. de Condren, illustrée déjà par le succès de ses Collèges, et plus encore par les PP. Senault et Lejeune, deux fondateurs de l'éloquence religieuse dans notre pays, la Congrégation de l'Oratoire partageait avec la Compagnie de Jésus, quoique dans une moins large mesure, l'honneur d'attirer dans son sein l'élite de la jeunesse ecclésiastique.

Les points de comparaison ne manquaint pas, en apparence, entre la Compagnie de Jésus et la nouvelle Congrégation.

Toutes deux étaient vouées surtout à la prédication et à l'enseignement ; toutes deux se montraient justement difficiles dans le recrutement de leurs sujets ; toutes deux comptaient, à la même époque, les plus fameux prédicateurs et les théologiens les plus distingués de l'Église de France. Au cœur de Paris, et sur la ligne qui représentait déjà. de la porte Saint-Honoré à la porte Saint-Antoine, l'axe de notre capitale. toutes deux avaient un établissement considérable. pépinière de beaux talents et de vertus fécondes.

Deux circonstances toutefois. donnaient une originalité véritable à la congrégation, en face du puissant Institut dont elle était l'émule. sinon la rivale. Elle recevait les prêtres qui voulaient pratiquer sa règle, sans les enchaîner par un vœu : de plus, en leur imposant la loi du travail, elle abandonnait à leurs goûts personnels le choix et la direction des études.

Homme de sainteté, de zèle, d'étude et d'enseignement, du Hamel hésita entre les deux vocations, celle de l'oratorien et celle du jésuite. Homme d'indépendance intellectuelle, il laissa naturellement les

deux circonstances que nous venons de dire peser
du plus grand poids sur sa détermination. Il fit son
noviciat ou plutôt son *institution*, comme on dit à
l'Oratoire, sous le P. Jourdain.

Celui-ci, disciple bien-aimé du P. de Condren, représentait surtout le caractère du cardinal de Bérulle ;
il en avait les élans ascétiques avec le sens délicat
des circonstances et des nécessités spéciales, le zèle
actif et la parfaite connaissance des hommes. On
sortait de ses mains avec l'ardente ambition d'être
quelque chose pour la gloire de Dieu et le bien de
l'Église. Il développait avec un soin spécial les vertus de force et de persévérance.

Nul ne profita mieux que le P. du Hamel des
leçons d'un tel maître : sa nature l'y avait disposé,
et sa vie nous paraît avoir été jusqu'à la fin, ce qu'il
avait réglé, sans doute, pendant la durée de son institution : une vie de labeurs constants et d'entreprises utiles, poursuivies avec un dévouement sans
bornes.

Après son *institution*, on l'envoya, comme professeur de philosophie, à la maison de l'Oratoire d'Angers. Suivant les promesses de la règle oratorienne,
la décision des Supérieurs se rencontrait évidemment avec ses aptitudes et ses goûts ; autant par
les inspirations de sa nature que par la désignation

de son ordre, l'étude et l'enseignement de la philosophie étaient la vocation du P. du Hamel. Les qualités de professeur se révélèrent avec éclat dès les premières leçons ; d'après l'usage que les deux derniers siècles avaient reçu du moyen âge, les professeurs de philosophie et de théologie composaient eux-mêmes le traité qu'ils enseignaient à leurs élèves, et ceux-ci n'avaient entre les mains aucun livre, aucun *auteur*, suivant l'expression reçue, où l'objet des cours fût indiqué d'avance, et où il fût possible de suivre l'enseignement du professeur. Dans de telles conditions , la responsabilité des maîtres était très lourde et très complexe : tous les soucis du fond, toutes les sollicitudes de la forme ! Le jeune Père ne donna prise à aucune critique et ne tomba dans aucun piège.

Par l'emploi si élevé et si considérable auquel ses supérieurs l'appelèrent après son séjour à Angers, on lui prouva en quelle estime on avait déjà l'étendue de sa science, la force et la netteté de ses conceptions, et une anecdote qui fit quelque bruit autour de sa naissante renommée, nous donne une idée de l'irréprochable correction de son langage et de la valeur littéraire de son cours.

Il y avait au nombre de ses élèves un jeune novice hollandais qui disait à ses condisciples en sor-

tant des premières leçons du nouveau professeur :
« Le P. du Hamel nous enseigne la rhétorique en
même temps que la philosophie. »

D'Angers, le P. du Hamel fut appelé à Paris
pour y enseigner la théologie morale. Par ses applications constantes à la vie quotidienne, et ses
relations intimes avec la Psychologie, la Théologie
morale n'est guère autre chose qu'une forme plus
élevée de la Philosophie. Le P. du Hamel ne s'éloi-
gnait donc, ni de son attrait, ni de sa voie.

Mais ici, une remarque importante s'impose. D'a-
près les usages de l'Oratoire, la chaire de morale
n'était confiée qu'aux maîtres préparés aux délica-
tesses et aux responsabilités de leur nouvel enseignement par un long exercice de professorat.

L'honneur d'expliquer officiellement cette partie des sciences ecclésiastiques, était d'ordinaire
le couronnement d'une carrière parfaitement remplie.

Le P. du Hamel montait donc dans la première
chaire de la maison de Paris, c'est-à-dire de la première maison de l'Oratoire, et il n'avait pas plus
de vingt-neuf ans.

Sa présence à Paris fut malheureusement un écueil
pour sa vocation religieuse ; des sollicitations pressantes et la force des choses eurent raison de ses

inclinations les plus chères, fortifiées par dix années de religion.

Son frère aîné était un des avocats les plus distingués du barreau de Paris ; et il comptait, en assez grand nombre, dans sa clientèle, des communautés religieuses d'hommes ou de femmes. Presque quotidiennement les difficultés de la procédure civile se compliquaient pour lui d'une question de droit canonique ; dans la personne du P. du Hamel, il avait un auxiliaire et un guide naturellement désigné à toute sa confiance.

Il le consultait fréquemment et l'intéressait de plus en plus à ses travaux judiciaires. Quelques-uns en effet, se confondaient, avec de graves intérêts de l'Église. Il lui faisait entendre qu'un degré de liberté de plus, avec ses habitudes de travail personnel, ne lui serait d'aucun péril, mais, loin de là, de la plus haute utilité. Peu à peu, ce trop habile avocat amena le jeune religieux à sortir de l'Oratoire.

A la vérité, la vie du P. de du Hamel demeura exactement la même ; il garda toutes ses relations, et, à l'Oratoire, on considéra sa séparation comme non avenue : il fut toujours le P. du Hamel, et, à ce titre, le biographe officieux de la Congrégation, lui consacra, comme à tous les autres oratoriens, un fort intéressant article nécrologique.

Dans le recueil bibliographique du savant P. Ingold, du Hamel figure entre les deux PP. Duguet, et le P. Faydit ; dans le mémorial oratorien du P. Batterel après le P. Lesnez et avant le P. Poisson.

DU HAMEL, DE 1653 A 1668.

De 1653 à 1663, du Hamel fut curé de Neuilly-sur-Marne. A cette occasion, il a été l'objet de deux témoignages différents que nous n'avons aucune peine à concilier. D'après Batterel, il passa ces dix années « cloué sur les livres. » D'après Fontenelle, il fit tant de bien à ses paroissiens et leur inspira de tels sentiments que, lorsqu'il dut se séparer d'eux, ils le conjuraient à genoux de venir les visiter tous les ans. Il le promit, se souvint de sa promesse, et, tous les ans, jusqu'à la fin de sa vie, le jour de sa présence à Neuilly fut un jour de fête pour ce bon peuple. Heureux pasteur ! Heureux troupeau !

Durant son séjour à Neuilly, en 1660, du Hamel publia deux ouvrages : un traité d'Astronomie, un traité des Météores et des Fossiles, l'un et l'autre en deux livres.

En 1656, il avait obtenu par l'entremise du cardinal Barberini, le titre honorifique d'aumônier du roi.

En 1663, il quitta Neuilly, et fut nommé chancelier de l'église de Bayeux ; cette même année compte encore dans la vie de du Hamel, pour un autre motif ; elle vit la publication de celui de ses ouvrages philosophiques autour duquel il s'est fait le plus de bruit, et que plusieurs estiment comme son meilleur titre à la reconnaissance de la postérité : de l'Accord de l'ancienne philosophie et de la nouvelle.

Il en signait la dédicace : du Hamel, prieur de S\u1d57-Lambert. C'est le titre qu'il prit désormais dans la plupart de ses actes publics ; il lui avait été donné avec le bénéfice correspondant, un an avant son départ de Neuilly.

Colbert était alors au ministère ; il s'occupait avec le succès dû au génie, d'organiser la monarchie dont Richelieu et Mazarin venaient de faire l'unité ; par l'édit de décembre 1663, il avait régularisé l'existence de l'Académie des Inscriptions ; en 1666, il fonda l'Académie des sciences, et y appela du Hamel, avec le titre de secrétaire perpétuel. Un tel honneur était significatif, et il était mérité. Son enseignement au collège de Maître-Gervais, ses livres de Trigonométrie et d'Astronomie, plus encore sa grande synthèse philosophique, publiée trois ans auparavant, avaient mis du Hamel aux premiers rangs des mathématiciens et des savants français; personne n'était mieux que lui à sa place dans la nouvelle Académie.

Esprit impartial et réservé, élevé par ses habitudes et ses inclinations, autant que par son caractère sacerdotal, au-dessus des coteries et des partis, il pouvait remplir à la perfection, les fonctions si délicates de secrétaire à vie. Avec sa connaissance et son usage de la langue latine, il lui appartenait d'entretenir, avec les savants de l'Europe et les sociétés étrangères, des relations plus faciles et plus sûres, de fonder à la tête de l'Académie naissante, une tradition de netteté et d'élégance, et, suivant la remarque de son ancien disciple hollandais, de relever plus d'une fois la monotonie et l'aridité de la science, avec les artifices d'une réthorique discrète.

En 1667, l'illustre ministre, son protecteur, rendait un nouveau témoignage au mérite de du Hamel, comme latiniste. Il lui confiait la traduction latine du fameux ouvrage de Bilain ou Vilain : Les droits de la Reine très chrétienne sur le duché de Brabant et d'autres domaines du royaume d'Espagne.

La traduction de du Hamel eut en France et en Europe une vogue si étendue et elle fut généralement accueillie avec tant de faveur que, dans l'esprit du grand nombre, il passa pour l'auteur principal de la dissertation.

Mais en réalité, Ant. Bilain avait moins à se plaindre de cette substitution qu'on l'aura cru depuis; lui-même n'avait guère fait que signer de son nom et enrichir de quelques éclaircissements un travail de l'abbè de Bourzeix; celui-ci s'étant trop compromis avec les jansénistes et les frondeurs, ni le ministère, ni la Cour n'auraient voulu paraître traiter trop directement avec lui.

Louis XIV comptait beaucoup sur l'effet de la dissertation mise en latin par du Hamel pour légitimer aux yeux des puissances, ses prétentions sur la Flandre et la Franche-Comté; elle servit du moins, au point de vue historique, à vulgariser la notion du droit de *dévolution* qui devait laisser son nom à la guerre de 1667-1668.

DU HAMEL, DE 1668 A SA MORT.

Du Hamel eut encore une autre part à cette guerre, ou pour mieux dire, à ses glorieux résultats; toujours en sa qualité de latiniste éminent, il accompagna à Aix-la-Chapelle notre plénipotentiaire, Colbert de Croissy; il eut une œuvre à remplir, modeste, sans doute, mais précieuse, dans ces négociations rapides, qui nous donnèrent la Flandre, depuis le cours supérieur de l'Escault jusqu'aux portes de Tournay et de Furnes.

Colbert de Croissy, nommé à l'ambassade de France en Angleterre, se fit accompagner par du Hamel.

Du Hamel est le premier, par ordre chronologique, de ces philosophes français qui eurent, à un moment important de leur vie privée ou de leur carrière publique, l'occasion de voyager en Angleterre et d'y recevoir des impressions décisives : du Hamel, Bayle, Voltaire, Montesquieu, etc. Il serait intéressant de rechercher dans quelle mesure il fut soumis, en Angleterre, aux mêmes influences philosophiques que ses illustres compatriotes.

On ferait aisément deux remarques. Il rapporta comme eux du pays de Bacon une grande confiance dans les méthodes expérimentales, et en donna la preuve en publiant, moins de trois ans après son retour, deux ouvrages de pure observation (1); mais, d'autre part, nul ne se préserva aussi efficacement que lui des périls du scepticisme anglais. Les deux remarques, comme on le voit, seraient à sa louange.

Antérieurement à son départ pour l'Angleterre, du Hamel avait écrit, sur l'invitation pressante de l'archevêque de Paris, Péréfixe, une dissertation contre quelques privilèges de l'abbaye de Saint-Germain-les-Prés, et en avait fait deux éditions, l'une en latin, l'autre en français.

(1) Voir plus loin, page 106.

Cet ouvrage est unique dans la vie de du Hamel. Il aimait beaucoup plus à calmer les querelles qu'à les soutenir, et le rôle d'arbitre lui convenait mieux que celui d'agresseur.

Il est bon toutefois, remarque Fontenelle, qu'il ait eu à prendre, une fois, cette dernière attitude « pour laisser un modèle de la modération et de l'honnêteté, avec laquelle ces sortes de contestations devraient être conduites. »

A l'occasion de ce différend, du Hamel avait eu dans la personne du publiciste de Launoy, un auxilliaire malheureux : celui-ci s'était oublié jusqu'à de graves excès de langage et à des erreurs matérielles dont l'avocat de Saint-Germain triompha aisément.

Cet avocat n'était autre que le plus considérable des religieux de l'abbaye, don Quatremaire ; il choisit pour sa réplique, un titre qui dut paraître à du Hamel la plus mauvaise des fortunes : *Paradoxes de MM. de Launoy et du Hamel.*

Pour les écrivains consciencieux, avisés et facilement minutieux comme notre philosophe, le mot de paradoxe rend à peu près le même son qu'à l'oreille d'un général français, l'épithète de lâche.

Du Hamel se récria et revint à la charge comme un simple polémiste; sa seconde dissertation est restée manuscrite, on peut la lire à la Bibliothèque nationale.

De Londres où du Hamel avait visité Bayle, il alla en Hollande où il retrouva le célèbre sceptique; des liaisons pleines de cordialité s'établirent qui profitèrent aux études de l'un et de l'autre (1).

Le traité de l'*Accord des deux philosophies* était de 1663 : du Hamel reprit en 1670 le cours de ses publications philosophiques. Le livre *sur les propriétés des corps* fut le premier de sa nouvelle série, qui se continue, en 1672, par sa théorie de l'*entendement humain*, et, en 1673, par son traité *de Corpore animato*. Il n'avait composé celui-ci qu'après de longues conversations avec les deux anatomistes, Stenon et de Verney.

Son dernier ouvrage profane parut cinq ans plus tard; c'était le développement méthodique et le complément de tous les traités partiels de philosophie auxquels il avait déjà attaché son nom.

Cependant, au milieu de labeurs si peu interrompus, du Hamel avait un scrupule et ne s'en taisait point; il se reprochait de n'être pas assez

(1) Voir plus loin, page 61.

exclusivement auteur ecclésiastique, et de ne pas réserver aux études sacrées, en général, ou à l'interprétation de l'Ecriture, les loisirs que pouvaient lui laisser ses fonctions officielles.

Il consacra treize ans à revoir et à compléter son grand ouvrage de théologie, qu'il préparait en secret depuis dix-sept ans, et l'offrit au public ecclésiastique en 1691. Trois ans plus tard, en 1694, il en donnait une nouvelle édition abrégée à l'usage des Noviciats et des Séminaires; à partir de ce moment jusqu'à sa mort, il ne se passa plus deux ans de suite qu'il ne composât quelque nouvel ouvrage, et le récit de sa vie, n'est plus guère désormais qu'une bibliographie.

Depuis la fondation de l'Académie des sciences, il s'était imposé le devoir de ne manquer à aucune réunion de la docte assemblée; il fit paraître la première histoire de la Société en 1696, pour la continuer deux ans plus tard, et en 1701. La mort le surprit au moment où il allait livrer à l'impression un dernier ouvrage sur l'Académie. Pour avoir le loisir de soigner plus attentivement ce nouveau genre de travail, il s'était choisi un successeur dans sa charge de secrétaire perpétuel. On peut bien dire de son choix qu'il était deux fois honorable, puisque le soin de suppléer et de remplacer un homme comme du Hamel fut confié à un homme comme Fontenelle.

La mort trouva l'infatigable auteur, la plume à la main, et le front incliné sur les livres. Il mourut en 1706 ; en 1705, il avait fini une Bible complète avec notes et commentaires ; cette Bible était à des éditions successives de fragments bibliques, ce qu'avaient été quatorze et vingt-sept ans plus tôt, à des essais partiels, sa grande Théologie et sa Philosophie complète.

Son ambition de prêtre et d'écrivain avait donc été satisfaite, jusqu'au dernier rêve et au dernier souhait. Ni de son talent, ni de son travail, il n'avait reçu aucune lumière qu'il n'eût généreusement distribuée à ses frères. A ce point de vue, le contraste était frappant entre les deux premiers secrétaires de l'Académie des sciences. Il devait échapper au successeur de du Hamel de s'écrier un jour : Si j'avais les mains pleines de vérités, je ne les ouvrirais pas pour en laisser tomber sur les hommes.

DU HAMEL ET SES COMTEMPORAINS.

DU HAMEL ET L'ORATOIRE.

Le mérite d'un homme public se juge souvent à la mesure de crédit et d'estime dont il a joui parmi ses contemporains. Plus il a eu de relations fidèles et intimes avec les grands personnages de son époque, plus il semble avoir de titres à la considération de la postérité. Une étude de la vie de du Hamel entreprise avec le but de justifier ces deux propositions serait aussi intéressante en elle-même que profitable à la réputation du Philosophe.

La confiance du P. Jourdain et la haute idée qu'il sut donner à ses confrères de la force d'esprit et de la richesse des connaissances du jeune P. du Hamel valut à celui-ci, comme nous avons eu occasion de le dire, une des chaires les plus honorables de la Congrégation. L'estime croissante de ses supérieurs trouva le moyen d'élever encore le brillant professeur, en le plaçant au premier rang de la hiérarchie enseignante, à l'Oratoire de Paris.

Neuf ans après que du Hamel eut repris sa liberté en obtenant une cure aux portes de Paris, le P. Senault, fut appelé au gouvernement de l'Oratoire. Le nouveau supérieur général était alors dans tout l'éclat de son talent et de sa gloire ; une amitié plus forte que les épreuves et que les temps s'était formée entre lui et le futur curé de Neuilly, dès les premiers temps où celui-ci enseignait à Paris.

Rentré dans les rangs du clergé séculier, du Hamel s'était souvent interrogé sur la possibilité de rentrer dans la vie religieuse, et malgré les difficultés spéciales que la pratique de l'Oratoire oppose pour le retour dans la Société, à ceux qui l'ont quittée une première fois, le P. Senault ne demandait qu'à recevoir de nouveau son ami dans sa Maison et sa communauté. Il le pressait tendrement. La fin de l'année 1662 et la première moitié de l'année suivante se passèrent dans des échanges de lettres et de démarches également honorables pour la largeur de sentiments du P. Sénault et la délicatesse de conscience du P. du Hamel.

Les circonstances se prononcèrent contre la volonté expresse de l'un et de l'autre. Du Hamel abandonna Neuilly, et ne rentra pas à l'Oratoire. Mais son amitié et son respect pour le P. Senault augmentent encore ; ils se voyaient souvent et le sujet le plus habituel de leurs conversations était la sainte Écriture. Le P. Senault s'étonnait de trouver tant de lumière sur ce sujet dans l'entretien d'un philosophe, et il s'inspira de ses conseils avant de publier *Les Paraphrases de Job.* Lorsqu'en 1699, vingt-sept ans après la sainte mort du P. Senault, du Hamel aborda la même matière, il plaça avec confiance sa pieuse entreprise sous les auspices de ces chers et glorieux souvenirs.

Le P. Thomassin, le plus savant oratorien du xviie siècle, fut nommé professeur à Paris, quelques mois seulement après le départ du P. du Hamel ; il succédait même directement à celui-ci pour certaines parties de l'enseignement théologique. Cette circonstance leur fut une occasion de rendre plus fréquents les rapports qui existaient entre eux.

Du reste, on eût trouvé dificilement un plus grand nombre de traits de ressemblance entre deux personnages célèbres.

C'était, chez Thomassin, comme chez du Hamel, le même zèle infatigable dans l'étude, la même sagacité dans la critique et le discernement des autorités, la même entente des plus hautes questions de la

science et la même prédilection, malgré les circonstances plus fortes que leur volonté, pour les études
uniquement ecclésiastiques.

On eût surpris et affligé le P. Thomassin, en lui
disant qu'il y avait plus de véritable latinité dans
ses ouvrages que dans ceux de son ami. On eût at-
tristé du Hamel en le mettant pour la sûreté de sa
méthode philosophique au-dessus du P. Thomassin.

On ne donnait, sans doute, cet ennui, ni à l'un ni
à l'autre, dans la société discrète et délicate au milieu de laquelle ils vécurent tous deux.

Mais ils avaient une tristesse commune, plus
amère et plus lourde. Ardemment dévoués à la paix
de l'Eglise et au triomphe de la vérité, ils souffraient
de toutes les disputes qui se perpétuaient sous leurs
yeux, et, plus d'une fois, ils prirent part aux tentatives
de conciliation qui furent le plus près d'aboutir.

Ils étaient, tous deux de cette visite à Pascal, ra-
contée par M. d'Etemare et le P. du Saussay, au
sortir de laquelle l'auteur des Provinciales disait du
P. Thomassin : « Cet homme est bien savant, mais
il n'a pas d'esprit. » Le P. Thomassin disait au contraire : « Ce jeune homme a beaucoup d'esprit, mais
il est bien ignorant. »

D'après le P. du Saussay, c'est en présence de du
Hamel lui-même, que les deux interlocuteurs se se-

raient exprimés l'un sur l'autre avec tant de liberté.

« Il cultiva avec soin tant qu'il a vécu, les amis
« qu'il s'était fait à l'Oratoire, particulièrement le
« P. Thomassin avec lequel il s'accordait fort à cause
« de son caractère d'homme modéré, et qui, dans
« les disputes qui agitaient alors l'Eglise de France,
« ne cherchait, ainsi que le P. du Hamel, qu'à con-
« cilier les esprits et les opinions, et vivre en paix avec
« tout le monde (1). »

La mort de Thomassin fut un coup terrible pour
son ami ; du Hamel ne trouva plus la même force
de consolation dans le travail ; malgré l'âge qui le
pressait et toutes sortes de précieux matériaux qui
attendaient autour de lui, il laissa se passer, trois ans
de 1695 à 1698, avant de reprendre le cours de ses
ouvrages ; il n'avait ni la même confiance dans ses
forces, ni la même sensiblilité aux encouragements.

La grande ressource de sa vieillesse découronnée,
ce fut une autre amitié qu'il avait eu l'occasion de
cultiver à l'Oratoire, avec celle de Thomassin.

Malebranche, plus jeune que du Hamel, était en-
tré à l'Oratoire, sept ans après la sortie du philosophe, son aîné, et deux ans avant le généralat du
P. Senault.

(1) Biographie manuscrite des PP. de l'Oratoire.— Batterel.
— (Archives nationales).

Le trait d'union entre du Hamel et Malebranche fut leur commune affection pour la philosophie cartésienne.

Malebranche sortait peu et ne recevait dans sa cellule de l'Oratoire de Paris ou à Juilly, que de rares visites. Les savants illustres et les étrangers de distinction, recherchaient, sans l'obtenir toujours, l'honneur de s'entretenir avec lui, et il ne se refusa pas, à l'occasion, l'honneur de faire attendre à sa porte un roi d'Angleterre.

Plus heureux que Jacques II dans ses rapports avec le grand philosophe cartésien, du Hamel pouvait voir, autant de fois qu'il le voulait, son ami Malebranche.

Il y a des natures raisonnées et prudentes qui arrivent à leur but lentement, mais avec certitude; il y en a d'autres, fougueuses et hardies, qui ont reçu l'intuition en partage et dont l'imagination s'élève sans effort à la puissance du génie. Lorsque celles-ci ne sont point pour les premières un sujet de défiance ou d'envie, il n'est pas rare qu'elles produisent sur elles un véritable effet de fascination.

Du Hamel n'avait pas l'âme envieuse; il ne l'avait pas défiante; près de Malebranche, il admirait sans crainte, il s'étonnait avec délices.

« Je crois bien, disait-il, en faisant allusion à l'une

des plus fameuses hypothèses de Malebranche, qu'il voit beaucoup de choses qui échappent aux autres, et qu'il les voit en Dieu. »

Du Hamel sortait donc à l'occasion de Malebranche, de quelques-unes de ses plus chères habitudes du silence et de modération : il en était venu jusqu'à organiser et présider lui-même une des conférences malebranchistes qui firent parler d'elles vers 1680.

Mais, à son tour, il remporta une victoire sur le philosophe de la Vision en Dieu, et le fit manquer à une des résolutions auxquelles Malebranche était le plus fidèle : celui-ci fuyait les honneurs, avec la sainte horreur d'une âme évangélique pour la vanité et le bruit. Du Hamel le décida cependant, en 1699, à accepter le titre de Membre de l'Académie des sciences ; il y travaillait depuis plus de vingt ans. D'amis, ils devenaient confrères.

Dans cette circonstance, du reste, du Hamel n'avait pas eu seulement à triompher de Malebranche. Ni le roi, ni le ministre protecteur de l'Académie, ni la majorité des membres de l'Assemblée n'étaient favorables à la candidature du chimérique oratorien. Du Hamel, un peu par Fontenelle, et beaucoup par lui-même, eut raison de toutes ces résistances.

C'est aussi, par l'Oratoire que du Hamel avait

connu Mascaron ; devenu grand orateur, le futur évêque de Tulle et d'Agen, ne dédaigna point de se faire entendre à Neuilly-sur-Marne et d'y séjourner pendant des semaines entières, pour honorer son ami et édifier les paroissiens de du Hamel. Le crédit de du Hamel auprès de Colbert de Croissy, et par l'intermédiaire de celui-ci, auprès des plus puissants ministres ne fut étranger à aucune des distinctions dont l'éloquent oratorien fut honoré, à partir de 1671. Plus jeune que du Hamel, Mascaron le précéda cependant de trois ans dans la tombe ; du Hamel s'écriait tristement en apprenant cette douloureuse nouvelle : « Bientôt je ne me reconnaîtrai plus ici-bas ; tous mes amis s'en vont. » A quoi Fontenelle, qui était près de lui, répondit aussitôt : « Laissez-nous faire, Monsieur : vous vous reconnaîtrez toujours : pour un ami que vous perdrez, il vous en viendra dix ; c'est un honneur et une joie dont plusieurs ne se privent que malgré eux. » Lui aussi, faisait allusion au grand amour de du Hamel pour la retraite et le silence, et à ce sentiment qui met en garde les vieillards contre les nouvelles connaissances et les nouvelles affections.

Le P. Richard Simon était un peu le compatriote de du Hamel, et tout à fait le contemporain de Malebranche.

A Juilly où il enseignait la philosophie, R. Simon négligeait volontiers son enseignement pour de premières tentavives d'exégèse ; à côté de lui, au contraire, Malebranche qui avait commencé par l'étude des Saintes Écritures abandonnait décidément l'herméneutique pour la philosophie. Du Hamel, dans ses visites à Juilly, prenait part à leurs conversations et leur racontait en souriant l'histoire de Protagoras.

R. Simon et du Hamel, se rendirent à l'occasion des services, dont l'histoire du temps à conservé le souvenir. Quand du Hamel se décida à publier ses travaux sur la Bible. R. Simon lui indiqua plusieurs commentaires dont l'étude ne pouvait manquer d'être avantageuse et il se chargea lui-même de corriger soigneusement plusieurs volumes, à la veille de paraître (1).

De son côté, quand avaient éclaté contre R. Simon les grands orages de 1678, du Hamel s'était multiplié pour incliner à l'indulgence les docteurs de Sorbonne et Bossuet lui-même, le principal auteur de la tempête.

Ce qui avait découragé Malebranche dans ses premières investigations sur les textes sacrés, c'était l'imposibilité de faire en cette matière, aucun travail

(1) Batterel. — Bibliographie manuscrite, déjà citée.

sérieusement utile, sans tomber dans quelque hardiesse, et sans s'exposer à de pénibles traitements. Le
courage ne manquait pas à Malebranche ; mais il en
avait surtout pour ce qui était sa vocation ; or sa
vocation, c'était la métaphysique. R. Simon au contraire était né pour la critique des textes et la comparaison scientifique des documents ; il devait être
le fondateur de l'exégèse dans l'Occident chrétien.

La conséquence de ses premières découvertes,
et la rigueur imprudente avec laquelle il tira les
conclusions de certains principes jusque-là inouïs,
effrayèrent les sages, et, encore une fois, Bossuet à
leur tête.

Du Hamel, en venant au secours de son compatriote et de son ami accomplissait un acte d'autant
plus méritoire qu'il était lui-même menacé : son grand
traité de Philosophie avait été à Angers, l'occasion
de difficultés et de malentendus qui pouvaient devenir graves (1). Il ne lui fut donc pas possible d'obtenir grâce pour la première édition de l'Histoire
critique de l'Ancien Testament. On accorda toutefois sur ses instances et, grâces à des démarches
personnelles, auxquelles il avait eu beaucoup de
peine à décider R. Simon, que le livre pourrait être
réimprimé à l'étranger avec des retranchements, et

(1) Voir plus loin, p. 87.

que l'on fermerait les yeux sur son introduction en France.

Le livre parut donc, moins de deux ans après, à Amsterdam. R. Simon, avait en même temps promis à du Hamel de s'observer plus soigneusement à l'avenir et de se conformer à une plus exacte prudence. Le résultat des sages conseils de l'un et des généreuses résolutions de l'autre fut que, pendant deux années, R. Simon put coutinuer ses difficiles études et en faire profiter le public dans toute une série de savants ouvrages, sans être de nouveau inquiété.

En 1692, à l'occasion de l'*Histoire critique des principaux commentateurs*, nouvelle émotion du public, nouvelle condamnation par la Sorbonne ! Mais depuis 1678, le crédit de R. Simon avait grandi, celui de du Hamel avait retrouvé toute sa puissance, et les difficultés ne furent que d'un instant.

R. Simon n'oublia jamais le dévouement de son ami ; dans une de ses nombreuses lettres publiées en quatre volumes, il dit : « J'ai eu beaucoup à souffrir de la part des hommes ; mais il s'en est trouvé un pour me rendre autant de consolation que tous les autres m'en faisaient perdre. » C'est à du Hamel qu'il rendait dans un si beau langage un témoignage si éloquent !

Avant de souffrir avec R. Simon pour la liberté

de la Critique, du Hamel avait souffert avec un autre
oratorien, le P. Bernard Lamy pour la liberté de la
philosophie. Sur le point d'aller prendre possession
à Angers de cette chaire de philosophie, où trente
années auparavant, du Hamel avait débuté avec
éclat, B. Lamy avait en 1672, avec les dernières ins-
tructions du P. Senault, précieusement recueilli
quelques sages avis de du Hamel lui-même.

Le livre *de Mente humana*, venait de paraître; la
troisième édition du traité *de consensu veteris et
novæ*, était entre les mains de tous les professeurs.
Lamy citait avec respect les deux ouvrages, et le
nom de du Hamel revenait par intervalles dans son
euseignement; de plus en plus les bons rapports des
deux philosophes se transformaient en relations
étroites, et du Hamel accepta de surveiller à Paris,
avec l'aide d'un oratorien, la première édition de
l'*Art de persuader* de P. Lamy. Le livre parut en
1673. Or, c'est cette même année que commencèrent
les terribles démêlés de Lamy avec les scolastiques
de son temps.

Découragé par le spectacle d'animosités personnelles que des juges prévenus encourageaient comme
un acte de zèle, et mal conseillé par les circonstances, le P. Lamy déféra au Parlement, c'est-à-dire
à une juridiction civile, la première sentence ecclé-

siastique dont il avait été frappé. Le Parlement lui donna gain de cause. Mais le conseil d'État intervint à son tour, cassa l'arrêt du Parlement, et rendit leur vigueur aux décisions de l'Université d'Angers.

De hautes amitiés sur lesquelles du Hamel avait cru devoir compter en cette circonstance, lui furent infidèles ; on l'avertit officieusement d'ajourner la publication du *traité complet de philosophie* où il devait réunir les thèses du *de Mente humana* avec celles du *de Consensu veteris et novæ*.en y développant sous sa propre responsabilité, quelques propositions du P. Lamy.

En 1677 on lui rendit sa liberté et il put se flatter de ne faire paraître son ouvrage que sur l'avis, ou plutôt avec l'ordre du grand Colbert lui-même. Nous aurons à dire comment cette circonstance si riche de promesses, lui fut une sorte de piège et comment à Angers même, son livre occasionna une reprise de la persécution cartésienne.

Le P. Lamy demanda de nouveau les avis de du Hamel avant d'écrire le traité que l'on peut regarder comme son chef-d'œuvre : *Entretiens sur les sciences ;* du Hamel lui indiqua des sources, lui fournit des idées et il revit l'ouvrage tout entier au point de l'exactitude et de la disposition. C'est ce traité que

Jean-Jacques Rousseau déclare avoir lu et relu cent
fois chez madame de Warens.

Duguet, comme du Hamel, avait passé par l'Oratoire, et il avait été, de 1672 à 1680, un des plus
brillants disciples du P. Thomassin. A cette même
époque, il connut du Hamel et ne cessa plus de le
fréquenter jusqu'à la mort de celui-ci. Du Hamel
avait Duguet en grande estime pour la précoce gravité de son caractère, la variété de ses connaissances
et la sûreté de ses aperçus sur toute sorte de sujets.
Malheureusement, le penchant de Duguet au jansénisme et sa dangereuse amitié pour Quesnel déparaient ses mérites et en faisaient plutôt une menace
perpétuelle pour le repos des consciences chrétiennes.
Du moins, on dut à du Hamel que la menace ne
devint que fort tard une réalité, les premières publications suspectes de Duguet sont en effet postérieures
de deux ans à la mort du philosophe catholique, qu'il
avait eu pour conseiller et pour ami,

L'influence de du Hamel sur ceux dont il avait
la confiance avait été plus profitable encore au P. Neercassel. Sorti de l'Oratoire pour recevoir un titre épiscopal, et plus tard pour gouverner l'archevêché de
d'Uthrect avec le titre de vicaire apostolique, le P.
Neercassel fut un des hommes que les partis religieux au xviie siècle se disputèrent avec le plus de

persévérance. Il était en Hollande et dans les Pays-Bas espagnols, le chef incontesté de ces modérés qui avaient en France Bossuet pour organe, le gouvernement de Louis XIV pour appui, du Hamel et Thomassin pour guides dans la plupart des circonstances.

Bossuet et du Hamel étaient au nombre des correspondants de Neercassel les plus exacts, avec le grand Arnault, Malebranche et les cardinaux qui présidaient les Congrégations romaines.

Port Royal et les jansénistes s'épuisaient auprès de l'archevêque d'Uthrect, en avances perfides et en démonstrations pleines d'arrière-pensées.

Sa grande estime pour Arnault et ses relations de piété avec les Mères Evangéliques de saint Jean, parurent plus d'une fois incliner de trop près Neercassel vers la nouvelle secte. Bossuet ne réussissait pas toujours à obtenir de lui les actes de prudence ou d'énergie que les orthodoxes jugeaient opportuns ; il y avait dans les allures de l'évêque de Maux et le ton de ses lettres une forme un peu rude et comme impérative, qui convenait sans doute à la supériorité de son génie, mais contre laquelle il était difficile au P. Neercassel de contenir toujours certaines pénibles impressions.

Où Bossuet passait près d'échouer, du Hamel eut

la bonne fortune de réussir toujours. Neercassel recevait plus aisément que celles de tout autre, les indications de du Hamel et ses observations. Rien n'y manquait du reste. pour les rendre acceptables : l'à-propos, la discrétion. le calme qui étaient dans son caractère et son intelligence se retrouvaient dans toutes ses démarches. Le philosophe excellait dans les négociations. Non moins zélé pour la saine doctrine et pour les droits de l'autorité religieuse que circonspect pour le choix des moyens et des heures, il maintenait Neercassel dans les dispositions où Rome se plaisait à le voir, tantôt en détournant l'activité inquiéte du prélat vers les publications d'un ordre purement ascétique, tantôt en le réconciliant avec le P. Malebranche, Louvois et l'archevêque de Paris.

DU HAMEL ET LES PP. JESUITES.

Voilà donc comment, du Hamel était demeuré fidèle à l'Oratoire, aux relations, aux souvenirs qui lui en étaient restés. Les personnages célèbres de la Société honoraient ses talents, et profitaient de ses lumières. Mais dans une compagnie religieuse qui compte plus encore que l'Oratoire au dix-septième siècle, du Hamel trouvait le même accueil, le même respect, et, (l'expression ne jure pas,) la même admiration.

Au nombre des PP. jésuites qui répondirent avec le plus de force et de talent à la provocation des Provinciales, le P. Étienne des Champs a une place à part. Mesuré comme le P. Daniel, spirituel comme le P. Rapin, savant comme le P. Annat, plus maître de lui-même, de sa pensée et de son style que la plupart des ses auxiliaires, il réussissait également à relever sur tous les points où elle s'était produite l'attaque de Pascal, et à retourner contre les jansénistes la pointe de fer du terrible pamphlétaire. Le P. des Champs était un ami du P. du Hamel.

Du Hamel et lui ont eu la même méthode polémique, et il faut en convenir, le même malheur dans les combats qu'il ont livrés ou soutenus.

Comme du Hamel, le P. Étienne des Champs n'écrivait qu'en latin et ne pouvait intéresser qu'une partie de moins en moins considérable du public.

En 1653, on avait attribué aux suggestions du P. des Champs, le parti pris par du Hamel de quitter l'Oratoire ; c'était les calomnier tous deux ; dans la controverse de 1656 à 1660, on mit sur le compte de du Hamel plusieurs dissertations du P. des Champs ; c'était les calomnier encore ! En 1648, le P. des Champs qui avait été le précepteur du Prince de Condé, recommanda à son ancien élève ce frère de du Hamel, dont nous avons déjà parlé, avocat à Paris (1).

Nous n'avons trouvé la trace d'aucune autre pro-

(1) V. plus. haut. p. 18.

tection recherchée par du Hamel, soit pour lui-même, soit pour les membres de sa famille. C'est par un désintéressement à toute épreuve qu'il a le plus ressemblé à un autre jésuite célèbre qui le connut et l'apprécia.

Le P. Annat fut pendant de longues années le confesseur de Louis XIV, et il ne voulut jamais profiter de sa haute situation pour obtenir à l'avantage des siens la moindre faveur matérielle. On le surnommait à cette époque le Rabat-joie des jansénistes. Il n'était cependant pas systématiquement opposé à toute idée de conciliation. Vers 1660, il s'employa très activement à trouver un moyen d'accommodement entre les partisans de Molina et ceux de Jansénius. Le P. Ferrier, M. de Choiseul et du Hamel l'aidèrent de toutes leurs forces ; les négociations n'amenèrent pas les adversaires à se rapprocher sérieusement les uns des autres, sur la question de principe ; mais elles eurent le plus heureux effet pour l'apaisement des esprits en général ; elles préparèrent la paix de Clément IX et ces neuf ans de tranquillité publique dont elle fut suivie.

Le P. Rapin, et le P. Vavasseur, s'exprimaient eux aussi sur le talent et sur le caractère de du Hamel avec les termes d'une sérieuse estime.

Le P. Rapin actif et ardent, disait de du Hamel:

« sa présence me calme, et avec lui j'oublierais mes
colères. »

Le P. Vavasseur, juge si difficile, et dont le P. Rapin précisément éprouva la sévérité, écrivait à du Hamel : « Il n'y a pas d'académicien qui écrive le latin
comme vous, et vous parlez le français comme vous
écrivez le latin ; je vous félicite : Nemo autem inter
académicos, qui tuo sermone latino luceat ; gallice
autem quum loqueris, idem tu dicaris, acquum latine
scribis. Heu Fortunatum ! »

Chez Colbert de Croissy et chez M. de Lamoignon,
du Hamel avait rencontré Bourdaloue ; ces deux
âmes, fortes et sérieuses, s'étaient comprises et ai-
mées aussitôt. Octogénaire et infirme, du Hamel
voulut néanmoins visiter Bourdaloue à son lit de
mort, et assister à toutes les cérémonies funèbres,
célébrées à l'église Saint-Louis, en mémoire du
célèbre jésuite.

Quand le P. Daniel commençait à Paris les travaux qui l'immortalisèrent, Bourdaloue l'encouragea
à voir du Hamel, en même temps qu'il disposait
celui-ci à faire part de sa longue expérience à l'é-
crivain nouveau-venu. Les deux premiers ouvrages
de Daniel avaient déjà paru ; et le jésuite y attaquait
vivement Descartes, au nom d'Aristote. Entre les
deux chefs d'école, du Hamel inclinait vers le plus

récent. Il n'en fit pas moins bon accueil au P. Daniel et l'applaudit pour la vigueur de sa logique. Le P. Daniel écrivit peu de temps après les *Entretiens* de *Cléanthe* et *d'Eudoxe*. Le succès de ces ouvrages n'empêcha pas néanmoins du Hamel de discerner la véritable vocation de leur auteur. Il l'exhortait à abandonner la controverse pour se donner tout entier à l'histoire le P. Daniel prit enfin ce parti. La dernière moitié de sa vie, de 1700 à 1728, fut consacrée presque exclusivement aux grands ouvrages qui lui ont valu récemment cet éloge d'un critique peu suspect(1): « Il eut un sens historique remarquable. »

Mais le P. jésuite qui semble avoir le plus contribué à la gloire de du Hamel, c'est le P. Bouvet. Il faisait partie de la mission française envoyée chez les Chinois en 1683. Comme ses confrères, il comprit vite que la religion chrétienne ne ferait des progrès en Chine, qu'introduite et protégée par la philosophie. Les jésuites avaient, du reste, dans le Céleste Empire, des maisons d'enseignement florissantes : la supériorité de leur érudition et de leur méthode contenait le secret de toutes leurs victoires apostoliques, dans ce pays de mandarins et de lettrés.

(1) M. Henri Martin.

Il fallait maintenir un si heureux état de choses et s'assurer, avec le concours des professeurs les plus capables, la ressource des meilleurs livres. L'auteur de philosophie que les Jésuites commentèrent en Chine, à partir de 1686, et qu'ils mirent entre les mains de leurs élèves, fut notre du Hamel.

Quand ils composèrent une philosophie en langue tartare pour l'empereur de Chine et les grands mandarins, une des principales sources où ils puisèrent fut *la philosophie ancienne et moderne* de du Hamel (1).

Lorsque le P. Bouvet vint en France en 1697, il fit hommage à Louis XIV au nom de l'empereur Kang-Hi, de quarante-neuf volumes chinois. Dans le nombre se trouvait la traduction du livre de du Hamel (2).

On demanda devant Louis XIV, au P. Bouvet comment pouvait s'expliquer le succès de ce livre auprès des Chinois et la préférence qu'ils lui avaient donnée sur tant d'autres traités reconnus excellents. D'après l'éminent missionnaire, du Hamel avait paru l'égal de tous les philosophes par la variété et l'étendue des recherches, l'élévation des principes et la netteté de l'argumentation. Il l'avait emporté sur les

(1) V. Bibliographie oratorienne p. 42.
(2) Portrait historique de l'Empereur de Chine, 1698.

autres, par l'ordre plus exact de la disposition, l'exposition plus complète et la réfutation plus péremptoire des objections proposées. Le Roi daigna s'intéresser à la question de ses courtisans et à la réponse du missionnaire. Celui-ci fut même chargé d'être l'interprète de toute la satisfaction du monarque, auprès du Secrétaire perpétuel de l'Académie des sciences. Du Hamel était donc loin déjà de cette période difficile de sa vie, où, pour le même ouvrage, on lui avait, au nom du grand Colbert, adressé des remontrances, et presque des menaces. Nous aurons à revenir sur ce sujet.

DU HAMEL ET LE CLERGÉ SÉCULIER.

Au nombre des prêtres séculiers ou des hommes du monde qui appartiennent à l'histoire du xvii° siècle, et qui ont partagé avec du Hamel quelque responsabilité plus ou moins importante, l'abbé de Bourzeix a déjà été nommé. Théologien érudit et historien sagace, Amable de Bourzeix connaissait du Hamel depuis 1648. Il avait eu à cette époque communication du cours écrit de philosophie que du Hamel avait donné à Angers en 1643, et la thèse sur la question si actuelle du *Concours de Dieu* avait particulièrement attiré son attention. Lui-même, quatre années plus tard, publiait un ouvrage qui fit sa réputation, et pour lequel du Hamel avait été à plusieurs reprises son confident et son inspirateur. De Bourzeix appartenait depuis longtemps à l'Académie française, et depuis trois ans, à l'Académie des Inscriptions, quand il eut l'occasion de confirmer Colbert dans la résolution d'appeler du Hamel au secrétariat perpétuel de l'Académie des Sciences.

L'abbé d'Aubigny qu'on appelait au temps de la Fronde le délicieux abbé, beaucoup plus pour la distinction et l'aménité de son caractère que pour ses avantages extérieurs, était un autre admirateur de du Hamel ; il s'étonnait de le voir avec de pauvres bénéfices, et au degré inférieur de la hiérarchie sacerdotale ; c'était là pour d'Aubigny un sujet toujours fécond d'éloges et de marques d'estime pour la vertu de du Hamel, de reproches où la discrétion n'excluait point la fermeté, aux ministres et aux dispensateurs officiels des charges ecclésiastiques.

Les fonctions de secrétaire perpétuel d'une Académie furent l'occasion de relations fréquentes entre du Hamel et l'un des deux fondateurs de l'Observatoire de Paris, l'abbé Picard ; ils étaient en parfaite communauté de vues sur l'importance et l'avenir des sciences ; ils croyaient l'un et l'autre à la révolution universelle qu'améneraient bientôt dans les études, dans les arts et l'industrie, les nouvelles méthodes combinées de Descartes, en France, et de Bacon, en Angleterre.

Ce respect pour Descartes que du Hamel partageait avec ses deux amis, Picard et Malebranche, ne l'empêchait pas d'estimer à sa juste valeur le grand talent de Gassendi. D'ailleurs celui que Tenneman appelle le plus savant parmi les philosophes avait eu l'occasion de distinguer du Hamel et de lui donner sa confiance. A l'âge de soixante-et-un ans, Gassendi était à Paris et y faisait des recherches sur les Vies de Thyco-Brahé et de Copernic, quand du Hamel, brillant professeur à l'Oratoire de Paris, demanda à le voir. Gassendi visita à son tour du Hamel ; il l'engagea à revenir à la philosophie et aux mathématiques, dès que la liberté lui en serait rendue.

Il lui fit, en quelques entretiens, le plan de deux ou trois ouvrages qu'il regrettait lui-même de ne pouvoir plus entreprendre et pour lesquels, du Hamel, avec ses aptitudes spéciales, lui sembla désigné. La parole de Gassendi tomba sur la féconde et laborieuse raison de son interlocuteur, comme une semence de choix sur un sol fertile et préparé.

Des réflexions de du Hamel sur le plan proposé, sortirent un peu plus tard le livre des *Fossiles* et l'Astronomie.

On savait dans le public que dans ces deux traités,

du Hamel n'avait fait que rendre d'une manière digne d'elles, à tous les points de vue, les conceptions de Gassendi ; un poète se fit, à la louange des deux savants, le survivant et le défunt, l'interprète inspiré de la pensée de tous.

Il se plaignait à la Muse de la mort récente du grand philosophe de Digne. La Muse l'engageait à aller vers du Hamel : celui-ci n'était autre que Gassendi lui-même, ressuscité et rajeuni :

Mon fils, impose-toi d'aller vers du Hamel.

. . . .

Tu le trouveras, encore à la fleur de l'âge et déjà maître d'un grand nombre de connaissances que possédait à peine Gassendi devenu vieux.

. . . .

Juste et précieux espoir de la Philosophie, ô du Hamel, tu seras pour moi un autre Gassendi.

Quœrere Hameliaden sit tibi, nate, labor.

. . . .

Callentem primæ referes sub flore juventæ,
Plurima Gassendo vix bene nota seni

. . . .

... O Sophiæ merito, spes maxima, cari
Tu mihi Gassendi, quisquis es, instar eris.

DU HAMEL ET LES SAVANTS.

A la Haye, à l'occasion d'une ambassade de Colbert de Croissy, qu'il accompagnait avec le titre de secrétaire, du Hamel se lia avec Constantin Huygens, homme d'État et poète hollandais; il se chargea avec bonheur d'introduire à la cour de France et auprès des savants de Paris, le fils du poète, destiné à une renommée plus brillante que celle de son père et plus durable (1).

La protection de du Hamel fut au jeune homme un grand secours et un précieux augure: Huygens devint une des gloires de la physique et de l'astro-

(1) Belvroy : Souvenirs et jugements biographiques.

nomie, appartint à divers titres à tous les corps savants de notre capitale, fut pensionné par Louis XIV, et attacha son nom, comme Picard et Cassini, à la fondation de notre Observatoire.

Un autre savant étranger, rival de gloire de Cassini et de Huygens, fut en correspondance suivie avec du Hamel pendant près de vingt ans. Christian Thomassen ou Thomasius, fondateur de l'Université de Halle, était surtout connu, comme son correspondant français par l'universalité de ses connaissances. Jurisconsulte, pédagogue et philosophe, il fut professeur du grand homme dont on peut dire que du Hamel fut le précurseur : Leibnitz. Thomasius, dans ceux de ses ouvrages qui semblent devoir vivre le plus longtemps(1), a été constamment inspiré, encouragé et soutenu par du Hamel. Si intéressants pour nous à cause de cela, ses ouvrages ont aidé à former la langue allemande et leur traduction en latin est généralement postérieure de plusieurs années à leurs premières éditions.

Par l'entremise de Thomasius, du Hamel fut en Allemagne, ce qu'il était en France : un heureux et prudent vulgarisateur des idées cartésiennes. Plus heureux encore, s'il avait cru, comme Thomasius,

(1) Discours sur la manière dont on doit imiter les Français. Introduction à la logique.

que l'action prépondérante dans le présent, et la gloire incontestable dans la postérité appartiennent aux philosophes qui parlent et écrivent dans la langue de leur pays !

En dehors des habitudes de l'enseignement ecclésiastique, dont il n'était point porté à ébranler la tradition, du Hamel fut certainement déterminé à composer en latin ses ouvrages par l'exemple de deux savants, ses contemporains.

Sauvellan et le chevalier Petit du Portail régnaient en maîtres sur le domaine de la physique et de l'astronomie, lorsque du Hamel commençait à écrire.

Comme à l'homme du monde le moins fait pour exciter la jalousie ou la défiance, ces deux aînés lui tendirent la main ; ils favorisèrent de leur crédit sa jeune renommée. Les bons sentiments des premières années ne furent refroidis dans la suite, ni par la diversité des opinions, ni par la sincérité des polémiques.

Mais Sauvellan et du Portail écrivaient en latin leurs dissertations et leurs traités ; pour être entendu de leur public, il fallut prendre leur langage ; encore une fois, cette détermination coûta trop peu au futur secrétaire de l'Académie des sciences.

Vers la même époque, le succès d'un autre savant qu'il eut bientôt pour adversaire dans de sérieuses

et pacifiques controverses aurait dû être un aver-
tissement pour du Hamel.

Dès 1660, Marin Cureau de La Chambre, médecin ordinaire du roi, s'était acquis une réputation
très étendue qui ne pouvait plus que décroître ; le
secret de triomphes au-dessus de son mérite, c'était
évidemment la nouveauté de la langue française
dans des ouvrages purement scientifiques. La
Chambre avait toujours écrit dans sa langue mater-
nelle.

Du Hamel eut à plusieurs reprises l'occasion de
publier quelques réfutations contre le médecin du
roi. Suivant son usage, il les fit en latin.

Des exemples plus autorisés que celui de La Chambre et dont notre philosophe ne fut pas de moins
près le témoin, n'eurent pas sur sa première décision une influence plus efficace. Il nous faut dire
quelques mots de ses rapports avec Bayle et Nicole,
deux autres savants de son temps.

DU HAMEL ET LES LITTÉRATEURS.

A travers la réputation exclusive que le xviii° siècle lui prépara et que le xix° a trop facilement acceptée, il s'en faut que l'on se fasse généralement de Bayle une bien juste idée. Il n'était pas seulement un sceptique, il n'était pas surtout le continuateur un peu lourd et désordonné de Montaigne et le fatal précurseur de Voltaire.

C'était en même temps un érudit dont la patience ne se lassait pas, dont la conversation était également intarissable et brillante, un esprit ouvert aux ordres de connaissances les plus variées, un caractère grave et doux. respectueux jusqu'à l'austérité de la règle des mœurs (1) et des bienséances sociales, indulgent pour ses adversaires, fidèle à ses amis, le correspondant modeste et discret de tout ce que son époque avait de grands savants et de grands écrivains.

Que de traits de ressemblance avec un bon portrait de du Hamel, et, dans leur vie, que de points de contact !

Les mêmes goûts, les mêmes habitudes, souvent les mêmes amis: à trois reprises, une fois en Angleterre et deux fois en Hollande, les mêmes séjours ! Ils s'étaient vus à Londres en 1671: ils se retrouvèrent à la Haye en 1676 et à Rotterdam en 1681. Le dernier voyage de du Hamel en Hollande n'avait pour but qu'une nouvelle visite à Bayle. Celui-ci était alors poursuivi par Jurieu avec un incroyable acharnement. De son côté, du Hamel venait de souffrir à deux reprises pour sa foi philosophique comme une sorte de persécution. Ils se consolèrent ensemble. Bayle loua le dernier grand ouvrage de son visiteur : *Philosophia vetus et nova...* L'auteur du *Livre des Météores* jugea, encore manuscrites, les *Pensées sur la Comète* (2) et il compléta les ma-

(1) Il n'est question ici que de l'homme, et pas de l'œuvre.
(2) Pensées sur la Comète écrites à un docteur de Sorbonne. Amsterdam, 1681.

tériaux de l'exilé, pour le *Recueil de pièces curieuses* (1). Les deux philosophes ne devaient plus se revoir, mais ils pouvaient encore s'écrire, s'éclairer et s'aimer : ils n'y manquaient pas.

M. Sainte-Beuve a cru pouvoir comparer Bayle et Nicole ; c'est une preuve de plus qu'il n'y a pas de témérité à rapprocher l'un de l'autre Bayle et du Hamel. Celui-ci et Nicole appartiennent, de l'aveu de tout le monde, au même groupe de physionomies historiques. Pour tous deux, aux yeux de la postérité, un rayon de douce sérénité éclaire une vie d'opiniâtre labeur et une longue suite de services rendus à la raison humaine. Une santé délicate qu'ils ne ménageaient point, et un excès de modestie, qui ressemblait parfois à de la timidité, les empêchaient de donner leur vraie mesure, comme esprits distingués et penseurs. Leur vie, surtout celle de Nicole, fut traversée par des orages qui affaiblirent leur action.

C'est à Nicole que le P. Ferrier et du Hamel avaient porté les propositions du P. Annat, à la veille de la paix de l'Eglise. Plus tard quand la fatigue et les infirmités rendirent insupportables pour Nicole les rigueurs de l'exil qu'il partageait

(1) Recueil de pièces curieuses, concernant la philosophie de M. Descartes. — La Haye, 1674.

avec Arnault, du Hamel s'employa de toutes ses forces pour obtenir de l'archevêque de Paris, F. du Harlay, une mesure de clémence en faveur du proscrit. Ses efforts réussirent.

Nicole put revenir en France, séjourner pendant deux ans à Chartres, et enfin rentrer pour toujours à Paris. Sa vie, dès lors, fut remplie tout entière par ses travaux contre les Protestants, et du Hamel, en obligeant le plus aimable des Jansénistes put se flatter d'avoir rendu un grand service à la vérité catholique.

Au nombre des contemporains auxquels du Hamel eut l'occasion de rendre, comme à Nicole, quelque important service, nous devons mettre les deux naturalistes Stenon et Verney. Il fit comprendre à de puissants personnages, Seignelay et Lamoignon, l'intérêt que méritaient les deux savants et l'honneur qui reviendrait à ceux qui auraient eu l'inspiration et le crédit de leur venir en aide. A leur tour, Stenon et Verney contribuèrent à la réputation de du Hamel, en lui donnant sur les sciences auxquelles ils s'étaient dévoués, des éclaircissements opportuns. Nous avons dit que du Hamel s'inspira très heureusement de leurs leçons ou de leurs remarques, pour composer deux de ses livres : *de Corpore animato. — De Corporum affectionibus.*

Plus éclatante encore, et plus féconde en résultats avait été la protection de du Hamel pour Fontenelle. Malgré le don de confiance en lui-même que le neveu de Corneille semblait

avoir reçu dès le berceau,

plusieurs insuccès littéraires l'avaient désorienté, sinon découragé ; des morsures de Racine et de Boileau, il lui étaient resté des cicatrices gênantes, sinon douloureuses. Il demanda une consolation et un refuge aux sciences naturelles et physiques. C'est sous les traits de du Hamel que celles-ci l'accueillirent pour guérir sa blessure, relever sa confiance et lui refaire un avenir.

Fontenelle, avons-nous dit, recueillit du vivant même de du Hamel sa succession académique, et il eut à prononcer l'éloge solennel de son prédécesseur. Il fut à sa propre hauteur par la concision spirituelle du style, le choix ingénieux des détails, l'élégante et agréable disposition des parties. Il se dépassa par la gravité religieuse des réflexions morales, et par un ton d'éloquence venue du cœur qui ne lui était pas habituel.

Le meilleur de tous les hommages rendus à du Hamel, c'est son Éloge par Fontenelle : il ne pouvait guère en être autrement : ce qui manqua souvent à la perfection des écrits ou des fragments de Fontenelle, c'est que l'esprit y parla seul : pour du .Hamel, son bienfaiteur, son modèle et son maître, le cœur de Fontenelle parla !

Aussi, quand le consciencieux auteur de la Biographie oratorienne, le P. Batterel rencontra plus tard, au cours de ses publications, l'ancien professeur de l'Oratoire d'Angers et de Paris, il crut ne pouvoir mieux remplir sa tâche qu'en suivant, pas à pas l'éloge de l'Académicien. Les deux travaux se ressemblent par une multitude de traits; on ne sait en bien des endroits, du savant qui loue un prêtre, du religieux qui loue un philosophe, quel est le mieux informé ou le plus respectueux.

DU HAMEL ET LES POËTES.

A côté des savants, des philosophes, des polémistes, des religieux ou des prêtres également vénérés pour la sainteté de leur vie et l'élévation de leur pensée, les poëtes contemporains de du Hamel reconnurent l'originalité de sa doctrine et célébrèrent son talent. Nous donnons ici quelques pièces de vers qui lui furent adressés; il est curieux de voir comment les hôtes du Parnasse officiel, à l'époque de Descartes, de Pascal, de Corneille et de Gassendi, au nom de la societé qui venait de lire le Discours de la méthode, les Provinciale et les premières Lettres de Mme de Sévigné, exprimaient à du Hamel l'admiration universelle.

Ces poésies latines ou françaises ne se trouvent dans aucun recueil; elles n'ont pris place ni dans les éditions, plus ou moins classiques de leurs auteurs, ni dans les Biographies de du Hamel.

La première est de Charles du Périer, neveu de François du Périer, à qui ont été adressées les stances si connues de Malherbe. — Du Périer fut appelé par Ménage, le Prince des Poëtes lyriques; l'Académie le couronna deux fois, et Santeuil fut un de ses disciples (1).

IN LIBROS
DE METEORIS ET FOSSILIBUS

Clarissimi Viri IOANNIS BAPT. DU HAMEL.

INCLYTUS ætherios ex quo concessit in áxes
    GASSENDUS, Saly gloria (2) prima soli.
Fruge novâ licèt, alma Ceres, quater (3) horrea : musto
    Et quater impleris dolia, Bacche, novo.
Flebat adhuc tamen ipse sui Latous alumni
    Interitum : flebant Pieridéfque sui.
Una sed ante alias flebat magis ægra Sorores

(1) Voir, des *Météores et Fossiles*, page 1.

(2) Gassendi était né près de Digne ; il vécut à Digne et à Aix.

(3) Si nous n'avions pas d'autre indications pour détermi ner le poème, celle-ci suffirait. Il est de 1661.

Uranie (1), niveos dilaniata sinus.
Ibat, et amenti similis, deserta per arva
    Implebat miseris conscia saxa sonis.
Funeris heu ! tibi causa fui, GASSENDE, tuamque
    Exprobrat nobis Gallia tota necem.
Scilicet ipse meos dum pernox suspicis ignes,
    Afflavit tristi te gravis aura gelu.
Hac, et plura Deâ latos jactante per agros,
    Antra procul motis ingemuêre feris :
Ingemuit concussa domus stellantis Olympi :
    Ingemuit superûm Rexque Paterque Deûm :
Lugentesque diu miseratus ab æthere Natas,
    Aspera jam tandem rumpere fata parat.
Continuo Majâ genitum vocat, ac simul ipse
    Adstanti genitor talia verba dedit :
Scis, Nate, ingentis GASSENDI funere Phæbum,
    Jampridem doctas et lacrymare Deas.
Ulteriùs tantum nequeo perferre dolorem
    Damna timens generi deteriora meo.
Ergo altis quæ dicam animis infige : simulque
    Per populos positâ fer mea jussa morâ.
Est urbes Francorum inter notiffima famâ (2),
    Sequana quam vitreis lambere gaudet aquis.
Illic florentem studiis prænobilis otî
    Quærere HAMELIADEN sit tibi, Nate, labor.
Hunc sed HAMELIADEN cui sese pandere amavit
    Natura, arcanos et reserare sinus.

(1) La Muse de l'Astronomie.
(2) En 1661 du Hamel était encore curé de Neuilly-sur-
Marne, Mais, sans s'être définitivement fixé à Paris il s'y
rendait souvent et y séjournait pendant des semaines entières. Neuilly-s.-Marne, d'ailleurs, n'est pas à plus de quatre
lieues de la capitale.

Frater (5) enim magnis animi par dotibus illi est,
    Orantem causas quem stupet ipsa Themis.
Inventum tibi ritè sophum (6) properabis amœna
    Doctarum comitum ferre virita super.
Undique tum Musis cingentibus, illius ingens
    Grandiloquo disces ore sonare decus.
Callentem primæ reseres sub flore juventæ
    Plurima GASSENDO vix bene nota seni.
Pandere mox illum Naturæ arcana jubebis
    Cui mare, cui tellus, omnis et æthra patet.
Sic rata GASSENDUM reducem mea cara propago
    Assuescet curas ponere corde graves.
Fatus erat : celeres Cyllenius induit alas,
    Parisiâ celebrem jam petit Urbe Sophum.
Castalidum proprias alacrem jam sisit ad arces :
    Jam Musis coram munera mille canit.
Dicere mox ipsum jussu Jovis imperat : ille
    Facundo attonitas jam tenet ore Deas.
Ac fubito Pindi de sedibus ille coruscum
    Major mortali tollit ad astra caput.
Omnia GASSENDO similis, dulcemque loquelam,
    Ingenium solers, judiciumque sagax.
Illius adspectu tristes revirescere lauri :
    Currere Castalidum pigrior antè latex.
Tum lacrymas siccare, et ovanti ambire volentem
    Gestit HAMELIADEN turba a diserta choro.
Cùm prior Uranie, tuam, ô post funera tandem.
    GASSENDE, Aoniis redderis ipse jugis.
Quisquis es, ô Sophiæ, merito spes maxima, cari.

(5) V. plus haut. p. 18.

(6) C'est le mot grec *sophos*, latinisé pour deux raisons ; il
trouve mieux sa place dans le vers, et a un sens plus étendu
que le mot *Sapiens*

Tu mihi GASSENDI, quisquis es, instar eris.
Phœbus idem, comitesque unà retulere : per orbem
   Magnus et e Pindi vertice plausus iit.
Audivêre procul procerum clarissima pubes,
   Artes una quibus cura fovere bonas.
Ipse sed imprimis Superûm GRIMALDUS (7) amores,
   Centum principibus conspiciendus avis.
Cui sacra sidereum caput ambit purpura lætis
   Deque humeris imos currit ad usque pedes.
Lumine sed proprio meliùs qui fulgeat, et cui
   Tergeminum debet maxima Roma décus.
Ecquis enim miséris melitor succurrere, sorti
   Corde quis in terris, justitiaque prior ?
Quisve æquè blandus vero adspirare labori
   Nobilium doctâ quâlibet arte Vatum
Adspicis ut spretos hoc tristi tempore virum
   Adbibit attentâ sedulus aure modos.
Mox et HAMELIADÆ famam super æthera tollet :
   Æternùmque suo nomine reddet opus.

CAROLUS DU PÉRIER.

La seconde pièce est beaucoup plus courte que la
précédente, elle est signée d'un nom encore connu,
celui de Guillaume de Brébœuf. Dans une antithèse
magnifique, le poëte exprime le contraste des difficultés de l'astronomie avec la netteté des livres de
du Hamel et la simplicité de son enseignement. Ce
fragment nous laisse aisément reconnaître la forme

(7) Le cardinal Grimaldi, archevêque d'Aix.

poétique du traducteur de la Pharsale ; il y a de
l'éclat, de la force, du nombre ; et aussi cette profu-
sion de nuances, dans un cadre trop étroit, qui produit l'éblouissement et qu'on appelle le *fatras*.

> Malgré son *fatras* obscur
> Souvent Brébeuf étincelle.

IN EOSDEM

Quæ mutent elementa vices, quæ sede revulsa
    In chaos impellat vis inimica novum ;
Mixta quis hæc medio suspendat in æthere jussus,
    Pensilibusque ignes abdere possit aquis ;
Aëris incerti strepitum dubiàsque procellas
    Quæ motu ancipiti causàve léxve regat ;
Quo magis Æolidum nubes se solvat in imbrem,
    Aut quo concrescant grandoque, nixque, gelu ;
Quî demum maris alternante reciproca fluctu
    Intumeant toties, detuméantque vada.
Hæc quæ vel Sophiæ mystas arcana latebant,
    Nunc te vel rudibus scire docente licet.

G. DE BRÉBEUF.

Dans une autre circonstance, Brébeuf mit de nouveau la main à la plume, ou mieux, à la lyre pour
chanter du Hamel. Il s'était adressé précédemment
à l'auteur des Météores ; il célèbre maintenant l'auteur
de l'Astronomie (1).

(1) V. Astronomie, édition 1661.

Quis novus hic Sophiœ interpres super æthera sese
Arduus attollit, cominus astra videt ?
Nec solus videt ille, sed et, indice tanto,
Sidera terrigenis jam propiora micant.
Notius haud quidquam simul ac ignotius astris,
Nil magis ohscurum lumine nuper erat.
At que oculis toto jamdudum affulserat orbe
Mentibus en cunctis orta repente dies
Ne cui visus adhuc lucem caliget ad ipsam,
Tenebris tandem prosilit illa suis.
Ex quo nempe orbi cœlum reteravit Hamœlus,
Clarius incœpit Sole nitere jubar.

Un autre contemporain favori de la Muse, avait
entrepris en vers français l'éloge du savant astronome.

Soit qu'il coure les mers, ou se promène en terre,
Soit qu'il monte en ces lieux d'où tombe le tonnerre,
Ou que son vol le porte au céleste séjour,
Il imite partout l'Astre de la Nature,
Qui chasse les brouillards, de sa lumière pure
Et même au Soleil, il donne un nouveau jour.

A la même époque, et par un louable sentiment
d'émulation, le prieur d'un monastère du voisinage
de Paris, ami de du Hamel, lui avait rendu hommage dans la langue d'Aratus et d'Hésiode.

Nous avons encore à la louange de du Hamel, un
quatrain et un distique. Le quatrain est d'Antoine
Turgot de St-Clair qui eut, de 1650 à 1670, ses heu-

res de célébrité, comme émule de du Périer et de Santeuil :

Quamvis sœpe fidem speculantum sidera fallant,
Non astris Hameli decipiere tuis.
Ingenio, si quœ lateant, ignosce sagaci
Semper amica piis mentibus astra patent.

Le distique est d'un poëte que Boileau devait rendre immortel, en cherchant seulement à le rendre ridicule. L'abbé de Pure aimait l'Astronomie et la Physique ; il avait dû une partie de ses progrès dans ces deux sciences à ses conversations avec du Hamel ; il témoigna de sa reconnaissance en même temps que de son estime dans ces deux vers latins, qui prirent place, à titre d'épigraphe, en tête de la deuxième édition de l'Astronomie :

Astra negata oculos hominumque impervia menti,
Divinum hoc manibus sidera reddit opus.

Pour apprécier suivant sa juste signification, l'honneur qui revenait à notre philosophe d'être chanté avec éclat par les poëtes que nous venons de dire, il convient de ne pas avoir présents à l'esprit quelques hémistiches de Boileau. En 1660, le poëte des Satires et de l'Art poëtique n'avait guère donné que des sonnets de circonstance et quelques pièces fugitives ; du Perier au contraire représentait encore l'école de Malherbe ; l'abbé de Pure avait la considération des plus hauts personnages ; Brébeuf pouvait s'enorgueillir du suffrage public des Chapelain et des Corneille.

DU HAMEL ET LE HAUT CLERGE.

Les premiers dignitaires de l'Eglise de France qui eurent avec du Hamel des relations d'une certaine importance historique, furent deux syndics de la Sorbonne, Nicolas Cornet et François Hallier. On était en pleine période de combats et d'efforts contre les Jansénistes. Le parti orthoxe résistait avec persévérance aux influences ennemies, habilement groupées et savamment conduites. Sur les lignes extrêmes de chacune des deux armées rivales, flottait une multitude d'intelligences indécises ; à la Sorbonne comme à Port-Royal la préoccupation était la même : rallier enfin ces esprits hésitants. Ils se recrutaient en partie dans les sociétés religieuses de fondation récente et, en plus grand nombre, parmi les prêtres séculiers. Grâce à sa qualité d'oratorien, plus tard, grâce à la situation qu'il ne tarda pas à se faire au milieu du clergé de Paris, du Hamel déjà célèbre, disposa d'une influence incontestable sur les deux fractions du parti à gagner.

Malgré les liens étroits qui l'attachaient à plusieurs amis de Port-Royal, il n'hésita jamais à faire, dans l'intérêt de la bonne cause, tout ce qu'on lui demanda. De leur côté, par leur fonction et par l'autorité de leur personne Cornet et Hallier étaient les veritables chefs de la Sorbonne militante. Entre eux et lui, les rapports furent donc continuels de 1648, cinq ans avant sa sortie de l'Oratoire jusqu'à la fin de la crise théologique, vers 1660. Cornet était mort dans l'intervalle, léguant, avec sa charge, au docteur Hallier, toute sa confiance en du Hamel.

Vers la même époque, et un peu à l'occasion des mêmes graves intérêts, du Hamel vit pour la première fois, le cardinal Antoine Barberini archevêque de Reims grand aumônier du roi et pair de France. La sympathie hautement déclarée du cardinal pour le savant diminua aussitôt la distance des rangs, et ils vécurent depuis, de près comme de loin, dans une communauté de sentiments et d'affection qu'on pourrait prendre justement pour de l'intimité. Barberini

rendit à du Hamel le service de le présenter au cardinal, premier ministre et de lui obtenir un nouveau
bénéfice. Il eût fait sa fortune, si du Hamel avait
voulu, et si toute fortune pour ce vrai philosophe,
n'avait pas consisté dans le libre pouvoir de servir
Dieu, par la pensée et par la plume.

Plus tard, pour obéir à l'archevêque de Reims, du
Hamel lui présenta un rapport détaillé sur le Nouveau Testament de Mons : il était préparé à ce genre
de travail par celles de ses études qui lui étaient
peut-être le plus chères, et auxquelles il donna les
douze dernières années de sa vie. Du Hamel eut
l'honneur de se rencontrer plus d'une fois avec Bo-
suet lui-même, (dans ses Observations sur le Nouveau Testament). Le cardinal Barberini et plusieurs
autres prélats interdirent l'usage de la traduction jan-
séniste ; cette condamnation fut une des affaires tout
à fait importante de la guerre religieuse au XVIIe siècle.

Le cardinal Antoine Barberini avait accepté en
1660 la dédicace d'un savant traité de du Hamel
dont nous avons plusieurs fois parlé : l'*Astronomie*.
La même année, à l'extrémité opposée de la France,
un autre cardinal d'origine italienne, comme Barberini, acceptait de du Hamel une nouvelle dédicace.

Le cardinal Grimaldi, ou Grimaldo, archevêque
d'Aix, avait encouragé Gassendi de tout son pouvoir,

et ne parlait de lui qu'en l'appelant : « le saint et le savant prêtre de Digne. » Il était fier que le philosophe lui appartînt à quelque titre. C'est à Aix que Gassendi avait été ordonné prêtre ; il y avait été reçu docteur et il y avait professé pour la première fois, dans une chaire de philosophie.

Gassendi avait parlé de du Hamel à l'archevêque ; pendant son séjour à Paris, celui-ci accueillit avec bonté le modeste curé de Neuilly, et il loua publiquement les belles qualités de penseur et de savant que du Hamel avait déjà mises en relief. Ce ne fut donc pas une tâche difficlle pour l'auteur de *l'Astronomie* de faire agréer par le bienveillant archevêque, l'hommage de son second ouvrage : *Météores* et *Fossiles*.

Le cardinal Grimaldi était un homme d'esprit et d'étude ; prince de l'Église, placé à la tête d'un diocèse florissant, protecteur obligé d'une Université considérable (1), nul ne le trouvait au-dessous de titres si glorieux. Il était d'une race plusieurs fois historique :

> Superum Grimaldus amores
> Centum principibus conspiciendus avis,

et tenait par des liens de parenté à plusieurs familles

(1) L'Université d'Aix.

royales. Lorsqu'il mettait son nom à la première page du livre des Météores, il faisait donc à du Hamel une faveur significative. Nous avons vu le poète du Périer exprimer, comme il convient, et même en exagérant un peu, la reconnaissance du savant.

« Il appartenait à Grimaldi d'élever jusqu'aux cieux la gloire d'un auteur et de rendre un livre éternel en le marquant de son nom. »

> Mox et Hameliadæ famam super æthera tollet,
> Æternumque suo nomine reddet opus.

Chez le cardinal Grimaldi, du Hamel avait rencontré plusieurs fois un ecclésiastique du plus rare mérite appelé à revêtir, lui aussi, la pourpre romaine et à monter sur un siège épiscopal, Le Camus, futur évêque de Grenoble, une des figures de l'Église de France, au XVIIe siècle, les plus intéressantes et les plus vénérables. En donnant à l'orthodoxie les gages les moins douteux, comme du Hamel, il sut, comme lui, se faire respecter de tous les jansénistes.

Leurs relations survécurent aux circonstances qui les avaient fait naître. Ils s'écrivaient souvent et se visitaient autant que le zèle de Le Camus pour la résidence et l'amour de du Hamel pour l'étude, leur en laissaient la liberté.

Mais voici un nom plus grand encore dans notre histoire et plus étroitement uni au nom de du Hamel :

Hardouin de Péréfixe commençait l'éducation de Louis XIV, l'année où du Hamel entrait à l'Oratoire ; il était reçu de l'Académie française l'année où du Hamel acceptait la cure de Neuilly. Activemement mêlé aux débats théologiques de 1655 et de 1656, il connut du Hamel par le docteur Hallier. Depuis ce temps jusqu'à sa mort, Péréfixe ne cessa de confier au prudent philosophe, des missions délicates. Élevé au siège de Paris en 1662, le nouvel archevêque eut à se réjouir, l'année suivante, de voir du Hamel définitivement fixé dans son voisinage, et pour ainsi dire, à l'ombre de sa demeure épiscopale. En 1663, Péréfixe accepta la dédicace du premier grand ouvrage philosophique de du Hamel ; en 1668, celui-ci fut invité par le prélat à composer ses deux dissertations contre les privilèges de St-Germain-des-Prés. Longtemps auparavant, du Hamel avait eu à retoucher l'édition définitive du livre d'éducation de Péréfixe : *Institutio Principis.*

Par son crédit auprès de Colbert, Péréfixe avait eu autant que personne, l'occasion de déterminer le grand ministre à distinguer du Hamel, et à le nommer secrétaire de l'Académie des sciences.

Sa propre expérience le mettait encore plus que tout autre, à même d'apprécier du Hamel comme latiniste, et de le recommander avec autorité à de Croissy, à la veille des négociations d'Aix-la-Chapelle.

Du Hamel, de son côté, vénérait son archevêque; il avait plus à cœur d'obtenir le suffrage du prélat que celui de l'opinion publique (1); il admirait l'érudition (2) de Péréfixe, l'autorité de ses jugements (3) et sa sincérité. Pour avoir la contre partie de plusieurs pages malveillantes de Ste-Beuve (4) contre l'évêque de Rodez, adversaire intrépide et constant de Port-Royal, il faut lire l'épître dédicatoire de du Hamel, en tête du *de Consensu*.

Du Hamel avait retrouvé chez le docteur Hallier devenu syndic de la Sorbonne, les bons sentiments du docteur Cornet, le syndic des années précédentes.

De même, ce que Péréfixe avait été pour le philosophe, du Harlay, en succédant à Péréfixe, voulut l'être à son tour.

(1) Neque mihi quemquam id vitio daturum puto si, neglectis aliorum judiciis, istud quidquid est operis tibi gratum esse vehementer exoptem.

(2) Tam vastæ eruditionis altissima persuasio.

(3) Tantum judicii tui valet authoritas, (*De Consensu.* — Lettre dédicatoire).

(4) Dans *Port-Royal*.

Le pauvre prieur de St-Lambert fut contraint par la munificence du prélat, à recevoir deux nouveaux bénéfices, et à voir ses ressources se grossir malgré lui. Il obtint, à la vérité, qu'on lui fît des avantages aussi modestes que possible et qu'on choisît les deux bénéfices en question dans la liste de ceux que nul ne recherchait.

Incapable d'exercer pour lui-même la libéralite des puissants, du Hamel ne se refusait pas à solliciter leur clémence pour les malheureux et les proscrits. C'est à du Harlay qu'il s'adressait le plus souvent; c'est auprès de lui qu'il plaida la cause de Nicole exilé et malade; c'est par lui qu'il obtint, à diverses reprises, le rappel ou la grâce de plusieurs ecclésiastiques compromis dans les agitations du jansénisme. En ces circonstances, il avait tout le courage d'un ami généreux, et toute la discrétion d'un personnage public.

Un an avant l'apparition du livre de *Mente humana*, du Harlay avait reçu les confidences de l'auteur sur le plan de l'ouvrage, et les idées principales à développer (1). Il s'y était vivement intéressé, et il

____

(1) Et quidem beneactum meum existimes, quod hujus opusculi jam partem aliquam perlegere volueris. — *De mente humanâ*, épitre dédicatoire.

avait promis à du Hamel, son patronage pour la nouvelle publication (1).

Avec une modestie spirituelle et une merveilleuse distinction du langage, du Hamel, dans son épître dédicatoire, remercie le prélat de ces témoignages bienveillants ; la reconnaissance l'inspire, il n'a jamais exprimé des pensées plus ingénieuses ni des sentiments plus délicats dans une latinité plus parfaite.

Il se reproche d'avoir eu d'abord de la crainte, en pensant que son archevêque serait son juge ; il ne devait pas craindre, mais plutôt espérer et désirer (2). Dans son livre, du Hamel doit prouver l'immortalité de l'âme : mais, avant même sa préface, il a trouvé en faveur de sa thèse un argument irréfutable pour tous ceux qui connaissent du Harlay, en même temps que singulièrement flatteur pour le prélat :

« Cette puissance d'intelligence, objet de notre admiration, cette patience souveraine dans le conseil et dans l'exécution, cette présence d'esprit, cette prudence consommée, ce don merveilleux de parler

______

(1) Nec minore beneficio me tibi devinctum agnosco, dum pateris hunc librum patrocinio tuo munitum in publicum emitti, *Ib.*

(2) Jam prope est ut, quod paulo ante dixi, nunc mutem atque acerrimi tui judicii limam exoptem potius, quàm pertimescam, *Ib.*

avec délicatesse et variété, cette mémoire prodigieuse des choses et des mots, votre âme, en un mot, si richement, si noblement douée, qui pourrait sans violence, n'y pas voir autre chose qu'un produit de la terre, qu'un composé terrestre (1). »

Il est difficile, en matière de flatterie discrète et opportune, de mieux penser et de mieux dire. Par de tels traits qui sont loin d'être isolés dans ses ouvrages, du Hamel porte la marque de son siècle, de ce siècle où, s'il s'agit d'esprit, tout le monde avait de la fortune, et plusieurs, de l'opulence.

Mais du Hamel n'a pas fini sa dédicace ; son argument lui plaît, il l'avoue et s'y attarde ; tout à coup, nous le voyons comme se raviser : il a ébauché une dissertation, dit-il, il n'a pas fait une épître. Quelle féconde matière cependant pour un auteur qui parle à un tel protecteur de son œuvre ! quel intarissable sujet d'admiration et de louange dans l'histoire de du Harlay, dans les rares mérites de l'archevêque qui l'écoute (2) !

Les contemporains de du Hamel parlaient de

(1) *De Mente Humanâ. — Epitre dédicatoire.*

(2) Quæ enim uberior materia esse potest quam de generis tui splendore, de nobilissimâ Harlæorum stirpe dicere ?..... Ib.

ses dédicaces latines comme de chefs-d'œuvre du genre ; après cette belle épître à du Harlay, en 1672, il pouvait soutenir sa réputation, il n'avait plus à l'établir.

Plus près encore que les deux archevêques, Harlay et Péréfixe, du pouvoir souverain, un autre prélat du grand règne ne dédaignait pas de partager avec du Hamel des responsabilités de publiciste, ni de collaborer avec lui à un enseignement plein de périls autant que de satisfactions. Avant d'être élevé d'abord à la coadjutorerie, peu après à l'archevêché de Rouen, Jacques Nicolas Colbert, frère du marquis de Seignelay, et fils du premier ministre de Louis XIV, avait enseigné la philosophie au collège de Bourgogne ; le traité qu'il avait sous les yeux dans sa chaire, et dont il présentait tour à tour à ses élèves le commentaire ou la substance, était un manuscrit de du Hamel. Par affection pour le fils d'un de ses bienfaiteurs, et aussi par amour pour cette humilité chrétienne dont aucune pratique n'était au-dessus de ses forces, du Hamel avait voulu garder l'incognito.

Le cours du professeur était fort applaudi ; on demanda à Colbert de le livrer à l'impression. Soigneusement revu et complété par l'Auteur véritable, le traité parut bientôt après avec le titre : *Philoso-*

phia vetus et nova, ad usum scholæ accomodata, in Regia Burgundia pertractata.

Du Hamel, on le voit, gardait encore l'anonyme : les indiscrétions de la reconnaissance le trahirent. Le coadjuteur de Rouen ne se considéra point comme enchaîné par les promesses trop difficiles à tenir du professeur de Bourgogne. Le véritable auteur fut enfin reconnu et à peu près universellement acclamé.

Il n'y eut au xviie siècle, pour aucun ouvrage classique un succès plus éclatant ni plus complet. Cinq éditions parurent en cinq ans et furent épuisées. Le livre fit le tour de l'Europe : il eut aux extrémités de l'Asie, la faveur des mandarins et des princes chinois. En France, sa fortune, inouïe pour un traité classique, fut de « *réunir en un même goût d'études* les jésuites et l'Oratoire par l'usage que les uns et les autres firent à l'envi de son livre. Dès le temps qu'elle n'était que manuscrite et dictée par M. l'abbé Colbert, nos Pères du conseil à qui le cartésianisme de nos professeurs suscitait de tous côtés de tristes affaires, ordonnèrent qu'en tous nos collèges on enseignerait la philosophie de M. l'abbé Colbert ou un des quatre auteurs péripatéticiens qu'ils avaient ci-devant désignés, bien assurés qu'ils étaient que nos professeurs ne balanceraient pas sur le choix en leur donnant cette alternative.

et se flattant de parer à l'ombre d'un nom si puissant une partie des coups que l'on ne cessait de nous porter au sujet de ces opinions nouvelles. Aussi, à mesure que ces écrits paraissaient, nos Pères les faisaient transcrire et en envoyaient des copies à plusieurs de nos professeurs, mais le succès ne répondit pas toujours à leurs vues. Le P. de La Place, qui était alors professeur de philosophie à Angers, m'a raconté qu'il fut un de ceux à qui l'on en envoyait; que l'Université, usant du nouveau droit que la Cour lui avait donné d'examiner les cahiers de nos régents, voulut d'abord faire main basse sur quelques-unes des opinions de cette nouvelle philosophie, ne sachant pas le nom respectable auquel ils allaient s'en prendre; qu'il crut les arrêter, en leur découvrant son secret, et qu'ils ne l'en menacèrent pas moins de passer outre.

« Nos Pères du conseil crurent alors faire des merveilles de prévenir M. Colbert le ministre sur l'ordonnance outrée de ces docteurs d'oser s'en prendre aux écrits qui passaient sous le nom de son fils. Mais ils furent bien étonnés quand M. Colbert, soit indifférence, soit politique, leur répondit d'un air brusque que si les universités censuraient les sentiments de son fils, il serait le premier à le faire se soumettre à cette censure. Réponse qui renvoya nos Pères pe-

nauds et déconcertés ; et je vois qu'on écrivit quelque temps après, au nom du conseil, au P. Pom-
pone Guibert, philosophe à Troyes, de prendre
garde à ne rien dicter, même des écrits de M. l'abbé
Colbert, c'est-à-dire du *Philosophia vetus et nova*,
d'où l'on puisse lui faire quelques fâcheuses affaires...
Je ne sache pourtant pas qu'il soit rien arrivé à nos
professeurs qui ont dicté en ce temps la philosophie
de M. du Hamel (1). »

L'attitude sévère de Colbert dans l'affaire d'Angers
ne changea rien aux sentiments que son fils et du
Hamel avaient l'un pour l'autre. Ce qui parlait plus
fort au cœur de du Hamel que le péril d'une dis-
grâce, c'était le bel usage que faisait l'archevêque
de Rouen de son crédit et de ses riches qualités naturelles. Du Hamel estimait qu'il n'y avait pas en
son temps un plus parfait modèle que le fils de
Colbert, de l'amour du travail et de courage contre
les aridités de l'étude (2). Il lui savait gré d'avoir
obtenu les plus hautes distinctions universitaires,
encore plus par la force des épreuves subies que par

---

(1) Voir Bibliographie oratorienne, — page 42.

(2) Quis enim aut laborem fugeret, aut Philosophiæ
studium ut inutile contemneret, quum te abundantia ingenii
prœstantem, in eo fortunæ et dignitatis gradu nec labor
frangeret , sed potius confirmaret ? *Philosophia — Epître
dédicatoire.*

la gloire de son nom (1) ; de s'être appliqué pendant toute la durée de son enseignement à mettre en évidence les harmonies étroites de la théologie et de la philosophie, ce cher objet des thèses et des dissertations de du Hamel ; de ne s'être épargné aucune peine pour fortifier toutes ses théories par d'innombrables expériences (2).

Du Hamel était non moins heureux de reconnaître dans l'archevêque son ami, l'esprit de pacification et de concorde, une piété édifiante, un zèle que fatiguaient à peine, les travaux et les sollicitudes d'un immense diocèse, une sainte passion pour la splendeur du culte, et une charité pour les pauvres fertile en profusions (3).

Le dernier prélat du xviime siècle dont il nous reste à rappeler la fidèle amitié pour du Hamel. c'est l'évêque d'Avranches, le P. Daniel Huet. Ils étaient compatriotes ; Huet naissait à Caen, deux ans seulement avant que du Hamel vînt y faire ses études

______

(1) Licentiæ, ut vocant theologicæ stadium sic a te decursum est, ut non modò omnium spem impleres, sed etiam vinceres expectationem (1b.).

(2) Ut innumeris pœne experimentis confirmatum illustrares, et optima quæque seligeres (Ib.).

(3) Quam enim diffusa in pauperes benignitas; tam ampla diæcesi indefessus labor ; quanta in conciliandis animis solertia ; quæ in ornandis sacris œdibus liberalitas! (Ib.).

classiques. Les circonstances et les voyages de Huet à Paris rapprochèrent depuis les deux philosophes normands. Dès l'origine, du Hamel appartint comme membre correspondant à l'Académie des Sciences de Caen, fondée par Huet en 1612; grâce au futur évêque d'Avranches, il eut d'utiles et d'agréables relations avec Ménage, Charles Perrault et Pellisson; il passa même plusieurs fois avec son compatriote, le seuil vénérable de l'hôtel de Rambouillet, où Huet était presque chez lui.

Comme par un juste retour, du Hamel présenta son compatriote au P. Thomassin, au P. Senault et à Colbert de Croissy; il l'introduisit chez l'archevêque de Paris H. de Péréfixe, chez plusieurs personnages haut placés dans le monde des sciences ou dans celui de l'administration. L'entrée de Huet dans les ordres en 1675, fut une des grendes joies de du Hamel, d'autant que lui-même n'avait pas été étranger à une si heureuse détermination.

L'abbé d'Aulnay et le prieur de Saint-Lambert, vécurent de plus en plus en amis véritables; un lien doux et sacré venait désormais de resserrer les autres! L'élévation de Huet à l'épiscopat interrompit à peine leurs continuels échanges d'attentions tendres et d'amicales confidences.

Trente ans après, quand du Hamel entrait dans

l'éternel repos des saintes âmes, Huet finissait comme avait commencé son ami ; il se choisissait une famille religieuse, faisait un noviciat et prenait de saints engagements.

Près du chevet et sur la tombe de celui dont nous avons pu dire qu'il demeura toujous oratorien, aucune prière ne veilla, plus attentive et plus confiante, que celle du jésuite octogénaire ; aucun hommage ne fut rendu plus explicite et plus glorieux, que celui de Huet, au caractère du défunt : « Depuis qu'il s'est laissé compter au nombre de mes amis, je n'ai connu personne à mettre au-dessus de lui pour l'honnêteté, la franchise et la fidélité (1). »

Il ne faut pas oublier cependant que l'intimité de du Hamel et de Huet ne fut jamais, ni pour l'un ni pour l'autre, un écueil de la sincérité et de l'indépendance.

Aussi vrai que leurs cœurs se touchaient, bien des fois leur raison put être aux pôles opposés de la conviction philosophique.

Du Hamel croyait à la puissance des facultés humaines ; il croyait à la possibilité d'une conciliation entre les écoles et les systèmes, et il avait écrit

____

(1) Quo homine neque meliorem, neque candidiorem, neque, postquam in mumero amicorum meorum haberi passus est, fideliorem novi quemquam.

presque dès son début, *Le Livre de l'Accord.*
Huet croyait à l'impuissance absolue de notre entendement, il triomphait des divergences entre les
philosophes et publiait l'année même de sa mort,
le livre de toute sa vie : *Faiblesse de l'Esprit humain.*
Huet avait poursuivi de ses réfutations la philosophie cartésienne; du Hamel avait souffert et combattu pour elle.

Grand et touchant exemple à méditer pour deux
classes d'hommes trop nombreux ; les uns s'éloi-
gnent de leurs amis dès que ceux-ci ne pensent plus
comme eux sur la philosophie ou sur l'histoire ;
les autres ne savent vivre dans l'intimité qu'en abdi-
quant le droit de la raison ; pour les uns, l'amitié
n'était pas un trésor ; pour les autres elle est un
esclavage.

LES LIVRES DE DU HAMEL.

(BIBLIOGRAPHIE)

LES LIVRES DU SAVANT.

I

L'édition du premier ouvrage de du Hamel est de 1643. Il le composa, comme nous avons eu occasion de le dire, pendant qu'il enseignait les mathématiques au collège de Maître Gervais : le livre fut édité à Paris et n'a pas eu de seconde édition.

Le P. Batterel et Fontenelle (1) semblaient croire à l'existence de deux traités distincts de du Hamel, édités en 1643 ; l'un aurait eu pour objet *l'Explication des sphériques* de Théodose ; l'autre aurait consisté dans des notions de *Trigonométrie astronomique*. En réalité, le traité est unique ; il se divise en deux parties : dans la première l'auteur résume ou

(1) Voir Eloges. — Biographie oratorienne.

développe suivant leur importance, les indications de Théodose ; dans la seconde, il aborde diverses questions de trigonométrie et en donne la solution. Le premier livre de du Hamel, comme tous les autres, deux exceptés, était écrit en latin, en voici le titre :

Elementa astronomica, ubi Theodosii Tripolitœ sphœricorum libri tres cum universâ triangulorum resolutione nova, succincta et facillima arte demonstrantur.

Du Hamel, avons-nous dit encore, aurait voulu plus tard, ne pas avoir publié cet ouvrage ; nous avons donné une première explication de ses regrets ; en voici une autre. Il se reprochait, comme une faiblesse d'amour-propre mal inspiré, d'avoir recherché, si jeune, des applaudissements et une considération « qu'il ne méritait pas » ; mais, suivant la spirituelle observation de Fontenelle, peu de gens de cet âge pourraient avoir la même vanité.

La Trigonométrie de du Hamel avait pour principaux mérites la précision et la clarté. C'étaient d'ailleurs les caractères de son enseignement.

II

Du Hamel ne fut pour rien dans la publication de

son second ouvrage, qui se compose de trois fragments. Pendant qu'il enseignait à l'Oratoire d'Angers,
ses élèves notaient avec soin les commentaires et les
explications du professeur sur les thèses du cours;
un d'eux (B. D. G.), livra à la publicité trois dissertations extrêmement intéressantes de du Hamel sans
avoir obtenu l'autorisation de celui-ci. Ces dissertations n'étaient-elles qu'une partie du cours de du
Hamel ou représentaient-elles tout son enseignement
d'Angers? Les deux hypothèses peuvent être admises;
nous inclinerions cependant vers la seconde. En
effet, du Hamel n'avait été professeur à Angers que
pendant quelques mois et les trois thèses ont de très
longs développements; l'ouvrage qui les renferme
n'a pas moins de 406 pages in-8°. Il est aujourd'hui
très difficile à trouver.

Du Hamel a reproduit plus tard dans la Philosophie dite *de l'abbé Colbert* ou *Philosophie ancienne
et nouvelle*, et dans les traités moraux de sa théologie
complète, la doctrine des trois dissertations. L'ouvrage de du Hamel fut publié en 1652 chez l'éditeur
P. Avril, à Angers, comme un premier volume de
Philosophie morale.

III

En 1652, du Hamel était parti d'Angers depuis neuf ans, et il était à la veille de quitter l'Oratoire.

Il était curé de Neuilly, quand parut en 1660 son *Astronomie* physique :

Astronomia physica, Seu de luce, natura et motibus corporum cælestium, libri duo.

Elle fut dédiée au cardinal Barberini, archevêque de Reims, et éditée chez P. Lamy, en un seul volume in-4°.

Elle se divise en deux livres. Le premier a pour titre : Lumière et couleurs ; le second : Nature et Mouvement des Corps célestes : le premier a quatre chapitres, le second en a sept.

Chaque chapitre est une sorte d'entretien complet sur un sujet déterminé entre trois interlocuteurs : Théophile, Ménandre, et Simplicius. Théophile est partisan presque systématique des anciens ; Ménandre développe et défend les théories cartésiennes sur la Physique et l'Astronomie ; Simplicius tient la balance entre les deux adversaires, donne raison, suivant le cas, à l'un ou à l'autre, ou même, aux deux hypothèses présentées, substitue un troisième système. C'est naturellement par Simplicius que du Hamel fait exprimer sa pensée personnelle. On avait déjà trouvé le même personnage avec le même nom, dans les dialogues de Galilée; mais chez l'illustre physicien de Pise, Simplicius était un péripatéticien acharné et souvent grotesque. Par l'étrangeté de ses démonstrations, il entraînait plus d'une fois dans son propre ridicule, Aristote lui-même et le Lycée.

Le Simplicius de Galilée fut en butte à de violentes attaques qu'il avait provoquées. Celui de du Hamel, tout à fait contre son gré, fut à son tour cruellement poursuivi, d'un côté par les amis de Descartes et de Ménandre, de l'autre par ceux de l'Ecole et de Théophile.

Les mathématiciens eux-mêmes sont donc poètes en un point: *genus irritabile.*

Entre toutes les récriminations que souleva son ouvrage, du Hamel fut plus particulièrement sensible à celles du parti cartésien. Il se défendit d'avoir voulu nuire à la gloire de Descartes, et jeta ingénieusement les torts qu'on lui reprochait sur Théophile; si la réplique n'était pas péremptoire, l'artifice était plaisant; mais au fond, « c'était Simplicius, qui faisait parler Théophile (1). »

(1) Fontenelle. Eloge de du Hamel.

Au premier chapitre de *l'Astronomie*, les interlo -
cuteurs du dialogue, s'interrogent sur la nature de
la lumière. N'est-elle, comme le pensait Aristote,
qu'une propriété? Faut-il, avec Épicure et Gassendi,
la prendre pour une émanation substantielle et constante de certains corps? Descartes a-t-il eu tort ou
raison de la définir: Un mouvement de la substance
éthérée ou deuxième élément? D'accord avec Théophile, Simplicius fait triompher Aristote.

Le deuxième chapitre présente un caractère polémique plus nettement accusé; entre les divers adversaires qu'il rencontra sur le chemin de ces trois
personnages, du Hamel a surtout en vue de réfuter
M. La Chambre : il s'agit maintenant du mouvement et de la diffusion de la lumière, des lois de
la réfraction, de la mesuré des angles de réflexion
et d'incidence. C'est la partie plus exclusivement
mathématique du traité.

Le troisième chapitre serait plutôt philosophique:
les hypothèses y tiennent une très large place, à
propos des causes de la lumière et de la nature de
la transparence.

Identité de nature entre les couleurs, leur division
en couleurs réelles et couleurs apparentes, leur relation commune avec la lumière dont elles ne sont
toutes qu'une modification d'une certaine espèce.

le nombre et la variété des couleurs, telles sont les questions posées et résolues dans le quatrième et dernier chapitre du premier livre.

Le second livre est un cours complet d'astronomie céleste. Les personnages du dialogue s'accordent sur la distinction spécifique des étoiles et des planètes ; ils expliquent le problème des taches du soleil, celui de la naissance et du développement des comètes. Ils se trompent sur la nature du ciel, qu'ils prennent pour un volume d'air également respirable et liquide.

Avec eux, nous voyons que du temps de du Hamel, les objections du public contre le mouvement diurne de la terre étaient les mêmes qu'aujourd'hui, et que la science de nos temps n'a guère étendu de ce côté le champ des solutions et des réponses. La difficulté des incrédules au sujet de l'histoire de Josué est résolue par du Hamel comme par nos plus récents commentateurs de la sainte Écriture.

La comparaison des calendriers entre eux et l'excellence du calendrier julien est l'occasion d'observations intéressantes. Entre les deux systèmes de Ptolémée et de Copernic, Simplicius ne semble pas avoir eu d'hésitation, malgré un très subtil ouvrage du physicien Fabry, publié vers 1640 en faveur de Ptolémée.

Deux cents ans d'observations et d'études ont fait avancer beaucoup moins que nous pourrions le dire, les théories des savants sur la constitution de la lune et son orographie ; on s'en convaincrait non sans quelque surprise, en lisant dans l'Astronomie le chapitre *de Luna*. Certaines hypothèses dont l'apparente nouveauté a fait le plus de bruit à notre époque avaient été examinées par du Hamel et il les avait successivement réduites à leur juste portée.

Au contraire, d'après les descriptions qu'il nous donne des instruments astronomiques de son temps, il est facile de conclure à l'immense supériorité de nos ressources scientifiques actuelles.

Du Hamel n'est pas moins ardent, que l'astronome le plus éloigné de la croyance au merveilleux, à s'indigner contre les faux prestiges de l'astrologie judiciaire. Il ne croit à l'existence d'aucun rapport entre la liberté humaine et les astres célestes ; il combat avec beaucoup d'érudition et de logique l'hypothèse opposée à la sienne au nom de la philosophie, de la théologie et de la science expérimentale.

A ce point de la conversation, le sujet est véritablement épuisé entre les interlocuteurs, et le livre est fini.

Suivant un usage destiné à se répandre et à produire d'heureux résultats, du Hamel faisait suivre son ouvrage d'un index alphabétique des termes principaux employés dans l'ouvrage, avec indications très détaillées de toutes les parties du livre où les sujets représentés par les mots de l'index, ont pu être traités.

Viennent ensuite, sous forme d'appendices, plusieurs questions d'astronomie longuement discutées par les correspondants de du Hamel : du Portail, La Chambre et Sauvellan.

Dans toutes les parties du livre, des figures très soignées, rendent sensibles aux yeux la vérité des théories et la rigueur des arguments.

Pour apprécier tout le mérite de du Hamel, on doit se rapporter aux circonstances au milieu desquelles il fut publié. Les sciences tendaient à s'émanciper de la philosophie et le premier usage de leur liberté était plein de tâtonnements.

Dans les livres et les dissertations, c'était habituellement une confusion étrange des axiomes de l'Ecole, auxquels on n'avait plus confiance, des hypothèses hasardées de la méthode cartésienne imparfaitement comprise et appliquée, des révélations mal ordonnées d'une expérimentation hâtive et peu scrupuleuse.

Le rapport des expériences et des inductions exagéré ou amoindri, la disproportion dans les développements, le caractère absolu de certaines affirmations, la sécheresse de la forme, tout semblait conspirer pour détourner l'esprit public des études scientifiques et pour en retarder indéfiniment les progrés.

Les savants eux-mêmes semblaient prendre trop aisément leur parti de cette conséquence fatale du système; ils dédaignaient généralement de parler ou d'écrire pour la publicité; des lettres techniques échangées entre collégues des sociétés savantes, des objections et des réponses, que les initiés seuls pouvaient comprendre, représentaient vers 1660 tout le mouvement scientifique du siècle.

Le livre de du Hamel, par certains aspects, était donc une sorte de révolution; la conciliation déjà nettement entreprise entre l'école de l'autorité et celle de l'évidence; le soin jaloux de ne rien avancer sérieusement qui ne fût sérieusement admissible; l'ambition avouée d'intéresser le public, l'habitude de soutenir par le charme des artifices extérieurs et l'élégance spirituelle de la forme, les attentions distraites ou lassées, tout cela, n'était-il pas suffisant pour amener des résultats précieux et pour fonder une réputation?

Du Portail, Sauvellan et La Chambre furent les premiers à saluer un maître dans leur jeune rival:

les compagnies savantes se disputèrent l'honneur de le compter parmi leurs membres, et les poëtes interprètes de la pensée publique chantèrent à l'envi le Savant et son livre. Au rang des plus zélés et des mieux inspirés, nous avons distingué, plus haut l'abbé de Pure et Brébeuf : dans son éloge de du Hamel, Fontenelle devait parler de l'Astronomie en des termes non moins élogieux que les distiques de du Périer :

« La physique appauvrie et dépouillée n'avait plus pour son partage que des questions également épineuses et stériles. M. du Hamel entreprit de lui rendre ce qu'on lui avait usurpé, c'est-à-dire, une infinité de connaissances utiles et agréables, propres à faire renaître l'estime et le goût qu'on lui devait. Il commença l'exécution de ce dessein par son *Astronomia Physica.* »

L'astronomie a été rééditée à Nuremberg en 1681. En 1687, dans le recueil des livres philosophiques de du Hamel, le titre en a été légèrement modifié : *Astronomia philosophica.*

IV

Le livre des *Météores* et *Fossiles* parut la même année que l'Astronomie, chez le même éditeur et en un seul volume du même format. Il fut dédié au cardinal Jérôme Grimaldi, archevêque d'Aix. Comme l'Astronomie, il se divise en deux livres, dont la distinction est déjà marquée par le titre de l'ouvrage. Le premier livre est consacré aux *Météores*, le second aux *Fossiles*.

Du Hamel donne au mot *Météore* la même acception scientifique que les savants de notre époque. Il n'en est pas de même du mot *Fossile*. Le Fossile est pour lui une sorte de météore terrestre et caché, et du Hamel embrasse sous cette dénomination générale *tous* les minéraux. La forme du livre est exactement la même que pour l'Astronomie; les chapitres sont encore des entretiens; les interlocuteurs ont gardé le même nom et remplissent chacun le même rôle. Il y a entre les deux traités un parallélisme constant et tous deux, dans la pensée de du Hamel, devaient former une *cosmologie complète*.

Ils furent l'objet de la même faveur et des mêmes critiques ; ils appellent aujourd'hui les mêmes observations. Il faut remarquer toutefois que le développement des sciences chimiques et minéralogiques au temps de du Hamel, est de beaucoup moins grand que le progrès de l'Astronomie. Sur ce point la comparaison des deux ouvrages est décisive.

C'est à l'occasion du livre des Météores et l'année

même de sa publication, que du Hamel a reçu l'hommage de deux des compositions poétiques que nous avons reproduites plus haut ; celle de du Perier et la première de Brébeuf.

V

Le livre des *Propriétés des corps* parut en 1670, à Paris, chez les deux célèbres éditeurs, M. Lepetit et Etienne Michallet, encore associés à cette époque. Lepetit donna une seconde édition en 1673. *De corporum affectionibns tum manifestis tum occultis,* libri duo. — 1670. — in-12.

Un des reproches que l'on avait souvent adressés à du Hamel, c'était de ne pas décider les questions, d'en soulever un grand nombre et d'en laisser plusieurs, par un excès de prudence, sans solution bien nette. Il répond à ce reproche dans la préface de son nouvel ouvrage et s'engage à ne plus l'encourir. Le *de corporum affectionibus* marque en effet un progrès dans la méthode de du Hamel ; il demeure éclectique, mais il est plus affirmatif ; sa pensée, toujours respectueuse de la conviction d'autrui, se dessine plus clairement, on trouve l'argumentation plus ferme avec des conclusions plus franches. Bayle fut des premiers à féliciter du Hamel pour l'heureuse violence qu'il imposait enfin à ses habitudes de modestie trop scrupuleuses et d'apparente hésitation.

VI

Le livre *de corporum affectionibus* a deux parties ; le *de corpore animato* en a quatre. L'un et l'autre sont des ouvrages de pure observation ; la philosophie proprement dite et l'hypothèse n'y ont pas de place. Dans le premier, du Hamel est surtout physicien ; dans le second, surtout anatomiste. Les deux publications sont contemporaines des relations de notre philosophe, avec deux fondateurs des sciences anatomiques en Europe (1).

De corpore animato libri quator. — in-12.

L'éditeur du *de corpore animato*, était Étienne Michallet ; le livre a plus de cinq cents pages in-12. Il a été publié en 1673, à une des époques les mieux remplies de la vie de du Hamel entrecoupée du reste, par un assez grand nombre de voyages.

La même année, il avait à surveiller la seconde édition du traité *de corporum affectionibus* ; l'année précédente, il avait publié un livre de philosophie très important.

(1) V. plus haut, p. 64.

Comme on peut aisément le conclure de la lecture de ces divers ouvrages, du Hamel était alors dans toute la maturité de son talent et de ses connaissances. Sa gloire toutefois, devait grandir encore.

VII

C'est évidemment dans la nomenclature des œuvres de du Hamel considéré comme savant que doit prendre place son histoire en latin de l'Académie des sciences.

Regiæ scientiarum Academiæ historia.

La première édition parut en 1698, chez l'éditeur de l'Académie, Ét. Michallet; elle forme un in-4° de plus de 400 pages.

La seconde édition, en 1670, parut en même temps à Paris chez Délespine et à Leipsick. C'était encore un in-4°, augmenté de 200 pages environ.

Les deux éditions ont beaucoup servi, soit à Fontenelle, soit à ses continuateurs, pour écrire en français l'histoire de leur Compagnie.

« Les mémoires de l'Académie des sciences ne contiennent de du Hamel qu'un rapport de quelques

lignes sur une femme de sa connaissance, don t
les cheveux qui étaient bruns étaient devenus blonds
à la suite d'une couche (1). »

(1) Bibliographie oratorienne, p. 44. Nous nous sommes
réquemment aidé de ce document, dans toute la partie def
notre travail, où nous voici maintenant parvenus.

Nous avons pu vérifier, à deux exceptions près, l'exactitude des indications pour tous les détails de la Bibliographie qui regardent du Hamel. Dans chacun des deux cas
où le contrôle nous a semblé trop difficile, nous nous sommes conduits en toute confiance, d'après les lumières du di
recteur de la Bibliographie. Par le noble sentiment qui le
soutient dans les difficultés de sa tâche, la perspicacité toujours heureuse et sûre qui le guide dans les obscurités, et
son infatigable bienveillance pour ceux qui lui demandent
un avis, il est assurément de la meilleure postérité des Pères Thomassin et du Hamel.

LES OUVRAGES DU THÉOLOGIEN.

La première édition du grand traité de Théologie
est de 1690. Les deux derniers volumes ne parurent
qu'en 1691.

*Theologia speculatrix et practica juxta SS. Pa-
trum dogmata pertractata et ad usum scholæ accomodata.*

Comme pour le plus grand nombre des livres de
du Hamel, l'éditeur était encore Michallet, qui s'en-
richissait à la même époque par la publication des
Caractères de la Bruyère et les généreuses conces-
sions de celui-ci.

L'édition de la Théologie chez Michallet comprend
sept volumes in-8°. En 1734, la seconde édition fut
tirée à Venise, en deux volumes in-folio.

Ce grand ouvrage de du Hamel, dédié à son protecteur, du Harlay, archevêque de Paris, est le
fruit de trente ans de travail (1). Dès l'époque où il
composait l'Astronomie et le traité des Météores,
du Hamel se consolait lui-même d'avoir à dépenser
tant de temps et d'efforts pour la préparation de livres
profanes, en recueillant des notes et des indications
pour le traité de théologie qu'il se promettait de publier un jour. Il lui tardait de revenir tout entier à
des études qui charmaient son âme, plus encore
qu'elles ne l'occupaient. Mais, d'autre part, il ne
voulait offrir son œuvre à ses frères du sacerdoce,
qu'après l'avoir longuement méditée, et il y avait
une sorte de combat entre sa piété et sa prudence.

En se condamnant lui-même à n'aborder que
plus tard, la préparation immédiate de son livre
il avait encore une autre pensée, en faire comme le
couronnement de sa vie. De plus, s'il l'avait publié
dès le début de sa carrière, il aurait redouté d'en
compromettre la fortune par l'obscurité de son nom.

La division du livre est sensiblement la même
que celle des ouvrages classiques du temps de du
Hamel et de notre époque sur les mêmes matières.
Il aborde l'étude de la théologie par de très intéres-

(1) *Voir Théologie.* H. — Epître dédicatoire.

sants prolégomènes où il cherche à établir, avec un très grand appareil d'érudition et de logique, que la théologie est une science. On sent que sa thèse est également chère au prêtre et au savant.

Dans son *Premier traité, de Deo*, il argumente rigoureusement contre l'anthropomorphisme et ne se laisse pas intimider par le grand nom de Tertullien. Il n'omet aucune des questions éternellement pendantes entre la révélation que Dieu fit incomplète, et la raison humaine dont la puissance est limitée : la science de Dieu, la prédestination, le concours.

Il insiste moins sur le dernier des trois problèmes, soit parce qu'il a eu l'occasion de le discuter plusieurs fois dans ses traités philosophiques, soit parce que les circonstances au milieu desquelles il s'adresse à la publicité, l'invitent à garder sur ce point une sage discrétion.

Il il ne fut jamais de ceux qui réveillent les querelles éteintes ou qui attisent les discordes allumées par les autres ; il ne commencera pas au déclin de sa vie et à l'apogée de sa réputation.

Sans s'expliquer aussi complètement que nous pourrions le désirer aujourd'hui, il se déclare favorable à la prémotion morale, et formellement opposé à la prémotion physique.

Dans son *deuxième traité*, il y a lieu de remarquer
avec quel soin, avant d'établir ou même d'énoncer
aucune proposition, il explique en détail chacun des
mots qui doivent revenir le plus souvent sous la plume
du théologien à propos de la Très Sainte Trinité :
existence, personne, substance, action, relation, etc...
tant de termes d'un usage si délicat et si périlleux,
tour à tour phares ou écueils, suivant la circonspection ou l'imprudence avec laquelle on s'en approche.

Dans le *Traité de la grâce*, il parle de nouveau
du Concours ; nous le voyons, ici non seulement
s'éloigner de nouveau, le plus possible de l'enseignement des jansénistes, mais se ranger à une sorte
de molinisme ou tout au moins de congruisme :

*Efficaciam ex illius cum animi affectibus certa
contemporatione et congruitate, magna ex parte
pendere, non sola prœdeterminatione contineri* (1).

*Ista enim congrue et opportune adhibentur auxi
lia, ut non suadeant modo, sed etiam persuadeant,
illœsa omni humana libertate* (2).

Nous sommes loin de la prémotion physique, et
surtout de la délectation victorieuse.

Avec les docteurs catholiques et malgré les jeux

(1) Théologie, liv. III, de la Grâce, chap. III.
(2) Ib. chap. VII.

de mots de Pascal, du Hamel croit à la distinction des grâces suffisantes et des grâces efficaces ; il l'énonce, la discute et la prouve.

Dans les traités qui suivent, embrassant la théologie sacramentelle et la théologie morale, l'orthodoxie la plus rigoureuse n'aurait de prise pour aucune sorte de reproche ; du Hamel a continuellement présentes à l'esprit les déclarations du concile de Trente. Il les suit pas à pas et les commente avec un soin jaloux, non moins qu'intelligent, de l'exactitude et de la netteté.

Sa supériorité sur plusieurs autres théologiens de son époque ou de la nôtre nous semble consister dans le choix des textes et le respect des adversaires.

Il ne se donne jamais la satisfaction de mutiler ou de défigurer la pensée d'autrui pour en triompher plus aisément. A la vérité, pour des auteurs de théologie, de tels mérites devraient ne pas être rares, et ils paraissent s'imposer. Nul ne l'a mieux compris que du Hamel.

La Théologie était impatiemment attendue par beaucoup d'ecclésiastiques et de fidèles studieux. Dès son apparition, l'approbation unanime des docteurs l'accueillit.

Les théologiens dont la parole et le suffrage fai-

saient le plus autorité, adressèrent à l'auteur d'élo-
quents et solennels éloges. Le premier volume de la
Théologie s'ouvre par une série de lettres d'adhésion ;
quelques-uns des noms dont elles sont signées reve-
naient avec honneur à toutes les pages des controverses contemporaines : Galliot, Lambert, Anquetil,
Mansel et du Vallois. On admirait l'étendue des connaissances qui se révèle dans la théologie, l'esprit
de discernement et de critique qui s'exerce entre les
textes et les preuves, et le succès avec lequel l'auteur
a réuni les deux méthodes, positive et scolastique :
celle des Pères et celle de l'École. L'effort que du
Hamel avait fait autrefois pour concilier les théories
des philosophes, il le renouvelait heureusement pour
rapprocher les deux formes rivales de l'enseignement
théologique.

De tous côtés venaient en même temps à du Hamel, des sollicitations pressantes pour l'engager à
publier un abrégé des sept volumes (1). Il mit trois
ans à le composer et le donna enfin en 1694.

Theologiæ clericorum seminarii accommodatæ
summarium.

Sous sa nouvelle forme, la Théologie comprenait
cinq tomes in-12. L'éditeur était encore Ét. Michallet.

____

(1) Batterel, Biographie oratorienne.

II

Quatre ans plus tard, du Hamel poursuivait le cours de ses publications exclusivement ecclésiastiques en faisant éditer les Prolégomènes d'un cours d'Écriture Sainte, avec des commentaires sur le Pentateuque :

Institutiones biblicœ, seu scripturœ sacrœ prolegomena una cum selectis annotationibus in Pentateuchum.

Son cours n'était destiné qu'à la jeunesse studieuse ; du Hamel n'y approfondissait pas les difficultés et donnait plutôt aux jeunes gens les indications dont ils avaient besoin pour s'informer, sans tâtonnement et sans perte de temps, aux véritables sources.

Le travail de du Hamel, il faut le reconnaître, était trop sommaire, et l'auteur, ne sachant pas l'hébreu, n'avait pu rendre que des services incomplets. Nous avons vu que heureusement, pour la suite du cours, il eut un auxiliaire d'une très haute compétence et d'un absolu dévouement : R. Simon.

En 1699, parut, toujours chez Michallet, le *Commentaire sur le livre de Job et les parties historiques de l'Ancien Testament.*

*Annotationes selectœ in difficiliora scripturœ loca,
tomus secundus qui continet annotationes in libros
historicos Veteris Testamenti et in librum Job.*

Les développements sont beaucoup plus étendus
et beaucoup plus intéressants que dans le Ier tome.

Le commentaire des Psaumes qui suivit fut édité,
à la fois, à Paris (chez Délespine) et à Rouen; le
commentaire des Livres sapientiaux à Rouen seulement; celui-ci en 1703 et celui-là en 1701.

L'ensemble du cours comprenait donc quatre volumes in-12. Il y manquait tout le Nouveau Testament et les livres prophétiques de l'Ancien.

Du Hamel avait à cœur de combler cette lacune
avant de mourir. Deux ans après son travail sur Sa-
lomon et les Livres sapientiaux, il publiait une édition complète de la Vulgate , avec préface, notes,
cartes de géographie, tableaux historiques.

*Biblia sacra Vulgatœ editionis... una cum selectis
annotationibus ex optimis quibusque interpretibus
excerptis, prolegomenis, novis tabulis, chronologicis,
historicis , geographicis, illustrata indice que epis-
tolarum et evangelistarum aucta.*

La Bible de du Hamel forme un grand in-folio de
plus de mille pages. L'éditeur était Mariette, de Paris.
D'après le P. Honoré (1), la Bibliographie orato-

(1) V. *Règles de critique.*

rienne (1) et le Dictionnaire de littérature (2), la partie chronologique de la Bible serait du P. Tournemine. Le savant Jésuite dirigeait déjà le journal de Trévoux ; il avait donné en 1702 sa dissertation sur les dynasties égyptiennes et devait publier en 1719, treize ans après le dernier ouvrage de du Hamel, le commentaire du P. Ménochius, sur toute l'Écriture. Le même sentiment de grand respect pour la responsabilité du publiciste avait amené du Hamel à rechercher, dès 1695, la collaboration du P. R. Simon de l'Oratoire, et vers 1700, celle du P. Tournemine.

La Bible de du Hamel fut de nouveau éditée en 1767 à Madrid, et en 1774 à Venise. Le format des deux éditions est l'in-folio ; celle de Madrid n'a qu'un volume, celle de Venise en a deux.

Avec les lumières de son ami R. Simon et de son correspondant le P. Tournemine, du Hamel, pour composer son édition de la Vulgate, avait mis à profit les meilleurs travaux du siècle précédent et de son siècle, les Introductions à l'Écriture Sainte de Billain et de Pagnini, la traduction et les remarques de Vatable, les Interprétations de Cornelius à Lapide, les Commentaires de Ménochius et de Maldonat.

(1) V. page 44.
(2) *Vapereau. — Art. Tournemine.*

LES LIVRES DU PHILOSOPHE.

I

En 1663, l'année même où du Hamel résigna la
cure de Neuilly, parut celui de ses ouvrages qui le
mettait aux premiers rangs des philosophes, en ap-
portant un nouveau lustre à sa renommée de physicien et de chimiste :

*De consensu Veteris et Novæ philosophiæ libri
duo.*

Le *de Consensu* et la grande édition de la Vulgate
en 1705, sont les deux seuls ouvrages importants de
du Hamel que n'ait point édités Ét. Michallet.

L'éditeur du *de Consensu* n'a pas moins compté que
l'ami de La Bruyère dans l'histoire des Lettres au XVIIe
siècle ; il n'est autre que Charles Savreux, l'auda-
cieux et adroit imprimeur des Provinciales, le fidèle

libraire de Port-Royal. Son arrestation à l'occasion des Petites Lettres avait fait esclandre quelques années auparavant.

Dans l'espace de six ans, du Hamel eut à diriger deux autres éditions de son traité, l'une in-8° à Oxford, l'autre à Rouen (in-4° comme l'édition de Savreux).

Il retoucha et augmenta encore son travail, pour le donner à Rouen une dernière fois, et sous une forme définitive. Le livre est dédié à l'archevêque de Paris, H. de Péréfixe qui n'avait pas encore pris possession de son siège :

Illustrissimo Ecclesiæ Principi Harduino de Peréfixe,

Ordinum regiorum cancellario, Sorbonnæ provisori, archiepiscopo parisiensi designato.

Le privilège du Roi, rédigé en la forme ordinaire, est du 8 novembre ; il a été donné à Dijon. Le voici *tout entier :*

PRIVILÈGE DV ROY.

Lovis par la grace de Dieu Roy de France et de Navarre, A nos amez et feaux Conseillers les Gens tenans nos Cours de Parlement de Paris, Tholose, Dijon, Bordeaux, Roüen, Aix, Grenoble, Rennes, et Mets, Ballifs, Senechaux, Prevosts desdits lieux ou leurs Lieutenans, ou

autres nos Officiers et Iusticiers qu'il appartiendra ; Salut
Nostre bien amé Maistre IEAN BAPTISTE DU HAMEL nostre
Conseiller et Aumônier Prêtre nous a fait dire et remons-
trer qu'il a composé des *Oeuvres physiques*, lesquelles il
désireroit faire imprimer ; mais il craint que quelques
Imprimeurs ou Libraires, autre que que ceux à qui il
l'auroit permis, voulussent entreprendre sur son travail,
nous a tres-humblement requis sur ce nos Lettres necessaires : A CES CAVSES, desirant favorablement traiter
l'exposant, nous luy avons permis et octroyé, permettons
et octroyons par ces presentes de faire imprimer lesdites
Oeuvres ensemble les traductions qui pourroient estre fai-
tes en françois par quelques personnes que ce soit, en
telle grandeur, marge et caractère que bon luy semblera
en un, ou plusieurs volumes, en Latin ou François seulement, ou bien en Latin et en François ensemble, pendant
le temps de neuf années, à commmencer du jour qu'elles
seront achevées d'imprimer, à la charge qu'il en sera mis
deux Exemplaires en notre Bibliotheque, et un en celle
de nostre tres cher et feal Chevalier le Sieur Séguier
Chancelier de France, avant de l'exposer en vente ; comme
aussi de le faire enregistrer sur le livre de la communauté
des Marchands Libraires et Imprimeurs de nostre ville
de Paris, conformément à l'Arrest du 8 Avril 1653, à
peine de nullité des presentes. Faisons defenses à tous
Impr. Libraires et autres de quelque qualité et condition
qu'ils soient, de les Imprimer, vendre ou debiter durant
ledit temps, que du consentement dudit exposant, ou de
ceux qui auront droit de luy, à peine de deux mille livres
d'amende, applicable un tiers à nous, un tiers au denon-

ciateur, et l'autre tiers au dit exposant, ou ayant droit de luy. Si vous mandons faire jouïr ledit exposant, ou ceux qui auront droit de luy, du contenu en ces presentes, pleinement et paisiblement faisant cesser tous troubles et empeschemens. Voulons qu'au *vidimus* des presentes, qui sera inseré ausdites Oeuvres, foy soit adjoûtée comme à l'Original. Mandons au premier Huissier ou Sergent sur ce requis, faire pour l'execution des presentes, tous Exploits et Significations, et autres Actes necessaires, sans demander Visa nonobstant clameur de Haro, charte Normande, prise à partie et autres Lettres à ces contraires : CAR tel est nostre plaisir.

DONNÉ à Dijon le huitiéme jour de Novembre l'an de grace mil six cens cinquante huit, et de nostre régne le seizième. Signé par le Roy en son Conseil, BOUCHARD.

Et ledit M° I. B. Du HAMEL a cedé et transporté son droict du Privilege pour le temps et aux clauses qu'il contient à CHARLES SAVREUX, Marchand Libraire et Imprimeur à Paris pour en jouïr par luy suivant l'accord fait entre'eux le 12 Fevrier 1663.

Registré sur le livre de la Communauté des Marchands Libraires et Imdrimeurs, suivant les Arrests

Signé, I. Du BRAY, Sindic,

Achevé d'imprimer pour la premiere fois le septiéme jour de Maymille six cent soixante-trois.

Comme on a pu le voir par son titre, le *de Consensu* se divise en deux parties ; on pourrait appeler la première *Physique rationnelle*, et la seconde *Physique expérimentale*. Du Hamel se montra également à son aise, quoi qu'en dise Fontenelle (1) dans les questions générales et les détails de l'expérience.

L'application de la méthode philosophique est complète dans tout son ouvrage; à force de souplesse, l'esprit de du Hamel triomphe également dans l'exposition des principes, la discussion des hypothèses et la critique des inductions.

II

Le *de Mente humana* fut publié à Paris: en 1672, chez Lepetit ; en 1677, chez Michallet.

Il est dédié, comme le sera plus tard le grand traité de Théologie, à un autre archevêque de Paris, le successeur immédiat de Péréfixe, F. du Harlay.

Nous nous sommes expliqué ailleurs sur l'admirable variété de talent qui se déploie dans l'épître dédicatoire : traits d'esprits ingénieux, éloges délicats et savants, considérations morales, élevées, promesses discrètes et habiles, expression éloquente et modeste des sentiments qui inspirent l'auteur,

(1) V. Eloge de du Hamel

rien ne jmanque à l'Épître pour en faire peut-être le chef-d'œuvre (1) de du Hamel, or, en ce genre, il n'a jamais écrit que des chefs-d'œuvre.

Le *de Mente humana* est l'œuvre originale de du Hamel par-dessus toutes les autres. Elle abonde plus que le *de Consensu* et que la *Philosophie*, en aperçus tout à fait personnels. La disposition embrasse la plupart des questions que, de près ou de loin, la psychologie peut avoir à résoudre.

Les citations et les objections y viennent à leur place, comme dans la trame d'une conversation intelligente, et suivant les occasions que le discours fait naître ; rien de semblable à la raideur et à l'uniformité du procédé scolastique.

Le penseur qui compose le livre s'impose généreusement d'autres soucis que celui de l'argumentation : en même temps qu'il raisonne, il enseigne, il converse, il écrit. Son expérience, ses réflexions et ses études l'ont rendu maître de tout un monde d'idées, auxquelles il commande de répandre, sans effort, dans toutes les parties du sujet, la lumière et la vie.

Dans ses autres ouvrages, du Hamel est forcé plus souvent de discuter des théories qui ne sont pas les siennes, d'établir une sorte d'équilibre entre

(1) **V.** plus haut, p. 84.

des affirmations qui se heurtent et sur lesquelles il croit que les circonstances ne l'autorisent pas à décider. Dans le *de Mente*, il paraît plus à son aise ; il va plus droit à sa propre pensée, et se laisse conduire par une sorte de hardiesse à laquelle il n'avait guère habitué le monde philosophique de son temps. Faut-il dire que sa hardiesse est toujours souriante et sereine, qu'elle ne sort pas d'elle-même pour se faire provocatrice ou dédaigneuse, qu'elle s'accorde avec la gravité de la pensée, la prudence des formes et la juste mesure du ton ?

III

Du Hamel a voulu faire une œuvre philosophique complète, comme plus tard il voudra composer un commentaire entier de l'Écriture Sainte ; or, ce qu'il sera un jour, après la publication de ses quatre premiers travaux sur les saints Livres, par rapport à toute son entreprise scripturale, il l'était en 1678, au sujet de ses projets de philosophe.

En 1705, il brusquera la fin de son œuvre, comme commentateur, et au lieu de continuer la série des interprétations particulières, il publiera, en une seule fois, une édition complète de la Bible.

De même, en 1678, au lieu de compléter régu-
lièrement, et suivant sa première pensée, deux traités de métaphysique et de psychologie par deux traités de morale et de logique, il composa une *Philosophie complète.*

Il obéissait « à un ordre glorieux » nous dit Fontenelle. De qui était cet ordre ? Nous l'avons dit. Du
ministre Colbert.

L'homme d'Etat à la pensée duquel rien n'était
étranger de ce qui avait une portée quelconque sur
l'opinion publique et le mouvement général des esprits, s'intéressait depuis longtemps aux succès de
son fils, jeune professeur de philosophie au collège
de Bourgogne. Il savait quelle part devait être
attribuée, dans cette renommée en fleur, au sage
inspirateur que l'on applaudissait en même temps
que l'abbé Colbert au collège de Bourgogne. Il engageait du Hamel à ne pas se lasser du rôle ingrat
dont nous avons parlé, et du Hamel se résignait
d'autant plus aisément que son esprit d'humilité et
la générosité de son âme étaient plus au niveau de
son talent et de sa science. Tandis que le professeur
expliquait dans sa chaire un des quatre livres de la
Philosophie, du Hamel revoyait ou préparait dans
le silence de la solitude le livre suivant. Quant le
cours de l'abbé Colbert finit, la Philosophie était

complète. Nous avons dit ailleurs, dans quelles circonstances elle fut livrée à l'impresion, et les mauvaises fortunes évidemment inattendues, que le livre trouva sur son chemin.

Ét. Michallet fut encore l'éditeur de la *Philosophie*.

Il y eut à Paris plusieurs rééditions du vivant de l'auteur, en 1681, en 1687 et en 1700 ; il y en eut après sa mort, à Rôuen et à Venise. L'édition de Venise est de beaucoup la plus soignée ; elle est de six volumes in-12 comme toutes les autres, excepté la première qui comprend seulement quatre tomes. La *Philosophie* est naturellement dédiée à celui qui contribua le plus à sa gloire naissante (1).

Toutes les œuvres philosophiques de du Hamel ont été réimprimées en un seul corps d'ouvrages à Nuremberg, en 1681 et en 1687.

---

(1) V. plus haut, p. 86.

PHILOSOPHIE DE DU HAMEL.

LE LIVRE *DE CONSENSU.*

LES INTENTIONS DE L'AUTEUR.

Pour comprendre plus aisément la pensée de du
Hamel, dans la composition des trois ouvrages où il
s'est révélé comme grand philosophe catholique ;
pour nous rendre un compte plus exact de la voie
qu'il s'est proposé de suivre, et du terme qu'il a
voulu atteindre, est-il rien de meilleur que de l'é-
couter lui-même ? En même temps qu'à mieux juger
son livre, les emprunts que nous avons peut-être
trop tardé à lui faire, ne nous aideront-ils pas à mieux
connaître l'homme même ?

« Je tiens ma parole, dit-il en commençant la
préface du *De Consensu* ; j'ai promis, en effet, de

composer quelque jour, à moins de trop grave accident, une Physique complète, et d'embrasser dans l'étendue de mon plan autant que par la variété de ma méthode, toutes les sciences qui ont pour objet la nature. »

Par le choix des termes et l'intention qu'il exprime, ce début rappelle l'entrée en matière des philosophes du vi° siècle avant notre ère, les auteurs de περὶ φύσεως.

« Or, la Philosophie naturelle se divise en *Philosophie générale* et en *Philosophie spéciale*. La première étudie le principe des choses, les causes, les éléments, les propriétés générales des corps.

« La seconde s'occupe des diverses parties de de l'univers; et, à son tour, elle se subdivise pour étudier les êtres inanimés ou les êtres raisonnables. J'ai déjà traité des choses inanimées; un de mes livres embrassait le mouvement des astres, les modifications de la température et ces météores qui ont pour théâtre les profndeurs du sol. »

Du Hamel renvoie donc les lecteurs de son nouvel ouvrage à ses deux traités de 1660, l'*Astronomie* et les *Météores*.

« J'entreprends aujourd'hui une *Physique générale*; ses conclusions doivent servir à éclairer les diverses questions de la Philosophie spéciale. »

Voilà la raison d'être de l'ouvrage ; en voici la méthode :

« Je me propose de parcourir tous les systèmes des Philosophes en renom, et de leur emprunter tout ce qui me semblera d'une indiscutable vraisemblance. »

C'est la formule de l'éclectisme, mais, comme du Hamel va le dire, de l'éclectisme qui a conscience de ses droits, et qui les explique sous forme de propositions impossibles à rejeter.

« Comme tout homme d'esprit en conviendra, Platon, Aristote et les princes de la philosophie ont vu des vérités importantes ; ils n'ont pas vu toutes les vérités possibles. Tous ont atteint le Vrai par quelque aspect ; et tous, par un chemin ou par un autre, ont marché vers le Vrai absolu ; ceux-ci ont excellé en un point, et ceux-là en un autre. »

Le livre n'est donc qu'une partie de la Cosmologie universelle, entreprise dès 1660 ; lui-même à son tour, se divise en deux parties :

« Dans la première, qui aura neuf chapitres, je poserai, d'après Platon, Aristote, Épicure et Descartes, le fondement d'une *Physique générale.* »

Il faut remarquer avec quelle franchise et quelle simplicité de langage, Descartes, moins de quinze ans après sa mort, est mis ici sur le même pied qu'Aristote et Platon.

« Les Platoniciens ont établi une hiérarchie des êtres : Dieu, l'Ame, le Monde raisonnable, le Monde des Animaux, celui des Végétaux, et la Nature inorganique. Après avoir traité, d'après les enseignements de l'Académie, des principes et des causes, j'aborderai l'étude de Dieu. Viendra ensuite l'étude du Monde raisonnable, des Idées, des Nombres et du Beau, de l'Ame, de la Nature et de la Providence.

« J'expliquerai enfin l'origine du monde matériel: j'en énumérerai les premiers éléments ; si même je m'étends longuement sur cette partie, c'est parce qu'elle embrasse de très hautes connaissances, tout à fait dignes d'attention.

« Du spectacle des choses qui passent, l'âme s'élève à la contemplation de la Pensée première et éternelle. »

Ainsi la philosophie remonte par la force des choses à la dignité de son origine ; ainsi, le philosophe, en même temps que le plus sublime de nos droits, exerce le plus sublime ministère. Tous ne l'entendent pas ainsi, mais il appartient au Sage de parler un langage sévère aux docteurs qui préconisent, avant tout, les lois de la matière, et ne veulent pas en reconnaître d'autres ; il lui appartient de les dénoncer et de les flétrir :

« Nous avons affaire à des multitudes de philosophes, pour lesquels il n'y a pas d'autre agent de connaissance que les sens ; d'après eux, on ne peut connaître que la nature matérielle. Pour moi, je ne connais pas d'affirmation plus grosse de menaces ; ces philosophes sont les ennemis de l'homme et de Dieu.

« Après avoir commenté la Philosophie platonicienne, nous descendons aux théories de l'École d'Aristote, et nous voyons ce qu'il nous faut penser de ses principes sur la nature et l'origine des Formes.

« Explicatâ Platonicorum philosophiâ ad Peripateticos *descendimus* ; ac multa de Principiis rerum ex Aristotele, multa de formarum natura et origine disputamus. »

Remarquons l'énergique expression de du Hamel, *descendimus* ; ce n'est pas une simple métaphore, c'est un enseignement philosophique. Avec Platon, on est aussi haut que possible ; pour aller de lui à Aristote il faut descendre.

Encore un trait commun avec les philosophes de la plus haute antiquité, les Empédocle et les Parménide :

Du Hamel restitue la physique, la chimie, l'universalité des sciences au domaine de la philosophie.

Celui qui veut devenir philosophe doit s'imposer de tout apprendre ; celui qui se croit philosophe doit avoir tout appris.

« Quel sera le sort de cet ouvrage ? Je l'ignore. Quel accueil lui réservent les esprits sérieux, je l'ignore aussi. Ce que je sais bien, c'est que le sûr moyen d'exciter contre soi les tempêtes, consiste à rechercher, comme je me le propose, les moyens de désarmer les partis et de terminer les différends. »

Observation toujours juste et toujours vraie! L'éclectique et le conciliateur ont un rôle plus difficile et plus pénible que ne pourrait le croire le vulgaire. Leur courage, pour être d'une autre espèce que celui des emportés et des violents, n'en est pas moins incontestable.

« Plusieurs philosophes s'occupent beaucoup moins de chercher la vérité que de soulever des disputes : plusieurs n'admettent qu'une seule bonne voie : celle qu'ils ont choisie, et d'où ils ne veulent jamais s'écarter pour en suivre une autre. L'heure serait venue cependant pour les métaphysiciens, et pour les moralistes de ne plus se quereller ; rien n'est de nature à les faire tomber dans le discrédit public, comme la perpétuité de leurs disputes et de leurs combats. »

Cette pensée attriste du Hamel ; il sait quelles injures on fait à la philosophie, par la faute des philosophes, et toutes lui vont au cœur.

« Les philosophes, dit-on, font de bruyantes promesses pour ne pas les tenir ; ils parlent d'élever les questions et ils s'obstinent à traiter de minuties et de puérilités. On est avec eux, au milieu de vaines contentions, ou dans de perpétuels combats de mots et de syllabes. La philosophie, telle qu'on la connaît ne sert de rien pour diriger les mœurs, pour former la raison.

« Il est des êtres à la portée de nos regards et dont la connaissance, en même temps qu'un charme pour l'esprit, serait une ressource dans les nécessités journalières de la vie ; les philosophes ne s'en occupent point. »

Ne convient-il pas d'admirer sans réserve, cette harmonie soutenue et facile, de pensées toujours justes et d'un langage si approprié ? Que de leçons spirituellement données à plus d'une école de philosophes, dans ces plaintes sincères et touchantes du sage sur le mépris où tombe la sagesse :

« Je ne voudrais pas davantage, voir des esprits avisés et puissants se dépenser, et épuiser leurs forces dans cette partie des sciences philosophiques que l'on appelle indifféremment l'art du syllogisme ou l'art de la dispute. »

Encore une des plaies vives de la philosophie que cinq siècles de fausse activité avaient aigries et étendues ! Mais s'il y a une Dialectique, vide de pensées, instrument prédestiné de disputes sans résultat, il en est une sans laquelle le travail du sage est impossible, et dont les exercices se confondent avec les opérations fondamentales de l'entendement.

« Il ne faut certainement pas mépriser la *Dialectique ;* elle nous apprend à diviser un tout en ses parties, à faire des définitions intelligibles, à dissiper les obscurités par des explications raisonnables, à discerner les équivoques et à les dissiper. »

L'application intelligente et consciencieuse des saines lois de la logique serait donc un premier argument contre les détracteurs de la philosophie : il en est d'autres encore. Au lieu de ne croire et de ne mettre en évidence que les côtés défectueux de certains livres et de certains enseignements, pourquoi ne pas chercher à faire quelques progrès de plus, dans deux ordres de connaissances qui sont philosophiques avant tout :

« On devrait donner plus de temps et de soin à la Philosophie morale ; c'est la science de la vertu ; elle distingue le bien du mal, nous révèle nos devoirs et nos droits.

« A côté des sciences rationnelles, il y a la connaissance approfondie de la nature : le mouvement des
astres, le développement des plantes, les propriétés
des métaux ; autant d'objets qui ne sont pas au de-
sous de la philosophie, qui lui parlent d'une sagesse
supérieure, d'un ouvrier tout-puissant et d'une providence indéfectible ! »

En plaidant contre les partis pris de médisance
ou de légèreté, la cause de la philosophie, du Hamel
plaide sa propre cause, à lui-même :

Hœc quidem præfati sumus, non tam ut Philosophia, quæ una est adipiscendæ sapientiæ magistra
defenderetur, quam ut iis satisfieret, qui ad Theologiæ studia nos vocant, et mirantur nos tantum
operæ et temporis in Philosophiæ naturalis tracta-
tione ponere. Nolumus equidem in his artibus con-
senescere, aut à rebus agendis quæ sunt nostræ per-
sonæ et muneris, præ Philosophiæ studio abduci.

UNE PREUVE PSYCHOLOGIQUE DE L'EXISTENCE DE DIEU.

Le livre premier, le livre exclusivement philosophique du *de Consensu*, se divise en neuf chapitres
dont voici les titres :

I De principiis in universum, juxta Platonicos.
II De existentià Dei.
III · De idæis, numeris et pulchritudine.
IV De mundo animali et seminario.
V De mundo sensibili, ubi fusè de mundi origine.
VI De principiis rerum juxtà Peripateticos.
VII De formarum origine, ubi de ortu et interitu.
VIII De principiis, juxta Democritum et Epicurum.
IX De principiis, juxta Cartesii et juniorum placita.

Dans les neuf chapitres, nous distinguons deux thèses particulièrement intéressantes.

Toute opération de l'intelligence contient une preuve de l'existence de Dieu (1).

Les fonctions de notre entendement sont au nombre de trois : il perçoit des termes, établit des propositions, déduit des conséquences.

Nous ne percevons un terme et nous ne le distinguons bien de tout autre que par la définition. Toute définition se fait dans un genre beaucoup plus étendu que l'être à définir ; dans le genre animal pour l'homme, dans le genre vivant pour l'animal. Je ne peux pas connaître l'homme sans avoir une certaine idée de l'animal, ni celui-ci sans croire à la vie, à la substance, à l'être. L'ignorance absolue de l'es-

______
(1) *De Consensu — Lib. I. Cap. II.* 6, 7, 8.

pèce s'oppose à toute définition suffisante de l'individu.

Comment donc avoir l'idée d'un être sans une certaine notion de Dieu, présente à notre esprit ? L'être est parfait ou non, il est en participation ou par essence ; dans l'une et l'autre hypothèse, l'idée de l'imperfection ne nous vient pas, sans une certaine conception du parfait, ni celle de la participation, sans quelque foi au participé. Imperfection, mesure, dépendance, autant de conceptions auxquelles répondent fatalement dans l'esprit ces autres idées dont les premières ne sont que la dégradation : perfection, plénitude et souveraineté.

Toute connaissance de la créature, aura donc, conclut du Hamel, pour terme supérieur de réduction la connaissance du Créateur, et nous n'affirmons rien sans que l'idée de Dieu ne soit implicite à notre affirmation ; pas de définition, pas de perception de terme, d'où il ne soit possible de conclure à l'existence de l'Infini et de l'Être par excellence.

Les termes généraux entre tous, le Vrai, le Beau, le Bien, ne sont l'objet d'une affirmation que si nous percevons, en quelque manière, la Vérité, la Beauté et la Bonté universelle. Une chose en particulier n'existe et n'est connue qu'avec la notion de sa forme absolue et indépendante. La forme souveraine des êtres, c'est Dieu; la notion de Dieu est donc au cœur de toute connaissance, comme le désir de Dieu au fond de toute affection. Toute idée part de l'idée de Dieu comme de la notion première et universelle, et elle y revient comme à la forme la plus parfaite de toute connaissance.

Par sa deuxième opération, l'esprit forme des jugements et les énonce en propositions de diverse importance. Mais, comment aquiescer à la vérité d'un jugement (1), comment croire à la stabilité de notre affirmation, sans l'existence d'un principe de stabilité, de vérité et de durée, qu'il est impossible de ne pas admettre, et qui est Dieu lui-même ou une dépendance de la notion de Dieu !

Tout être créé change, ainsi que toute loi que la créature établit, et nous voyons durer nécessairement les mêmes rapports entre deux termes d'une proposition, et les mêmes lois éternellement irrésistibles, règlent l'affirmation de notre esprit. Une force s'exerce donc, incapable de se lasser et se communiquant sans trêve, ni repos, à la faiblesse même; avec cette force suprême de stabilité et de lumière,

(1) Non ità constanter et certo quarumdam propositionum veritati acquiescere, aut stabiles quasdam regulas séqui, nisi luce ipsius veritatis desuper radiantis mens perfundatur. *De Consensu. — Lib. I. cap. II*, 7.

notre entendement infirme se trouve dans un rapport de merveilleuse intimité comme l'œil de nos corps avec l'éclat du jour.

D'où viennent encore et la rigueur des conclusions et la nécessité des conséquences (1)? Non pas, évidemment, de leurs objets qui sont tous contingents, dans l'hypothèse de l'athée, ni de l'esprit qui déduit et raisonne, puisque lui-même est dans le temps ; l'objet du raisounement n'existe pas, du reste, dans l'esprit. Quelle est donc l'irrésistible puissance qui nons force à tirer les déductions et à conclure malgré nous? C'est une Vérité souveraine et indépendante, la Vérité de Dieu. Les rapports d'évidence entre les prémisses et les conclusions appartiennent éminemment à ces Formes des objets sur lesquelles insistait la philosophie platonicienne ; ces Formes ne sont immuables et nécessaires que dans l'Être absolu ; dans l'objet qui les reçoit et dans l'esprit qui les embrasse, elles ne pourraient pas avoir ces deux caractères

---

(1) Jam necessitas illationis, aut consequentiæ unde oritur? Non ab ipsâ re existente, cum ea sit sœpissimè contigens et corruptibilis, neque ab existentia ejusdem rei in mente. Prœterquam enim mens est mutabilis, quod in re ipsâ non invenitur, et nusquam est alibi, quam in mente, nihil est quam figmentum intellectûs. *De Consensu. Lib. I. — cap. II. 8.*

UNE THÈSE SUR LA BEAUTÉ

La théorie du Beau, distincte de toute autre et développée pour elle-même, n'a commencé qu'avec Platon ; éparses dans plusieurs de ses ouvrages, les notions sur le beau forment le fond de deux de ses chefs-d'œuvre, *Phèdre* et le *grand Hippias*, Aristote en a repris quelques-unes dans sa Poétique ; il ne les a pas développées. Le livre de Plotin, *de Pulchro*, et le traité de la Musique de saint Augustin appartiennent évidemment à l'histoire de l'esthétique. On pourrait faire sortir des livres de saint Thomas d'Aquin un traité sur le Beau ; il ne serait sans doute pas complet, mais on l'admirerait, comme toute la philosophie de l'Ange de l'école, pour la sublimité des principes et la rigueur des déductions.

Bacon a admis l'idée et la science du beau, dans sa classification ; mais pas plus que Descartes, il ne les a ni développées, ni approfondies.

C'est donc uniquement avec le secours des anciens, que du Hamel aborde, au chapitre IV de son livre 1er l'intéressante question de *la Beauté*.

Nous analysons brièvement ses idées.

Il accepte d'abord le mot célèbre de Platon : le

Beau, c'est la splendeur du Bien (1). Comme la splendeur ou l'éclat trahit la lumière, ainsi les apparences du Beau révèlent la Bonté invisible. Elles attirent l'âme, elles l'entraînent à poursuivre le bien et à le posséder. La beauté est extérieure, la bonté intérieure; l'une se repose aux racines de l'arbre, l'autre se joue doucement sur les fleurs.

L'idée de bonté cependant est plus étendue que l'idée de beauté (2), la première embrassant à la fois *ce qui charme* et ce qui peut être *un objet de convoitise.*

Par cette sage remarque, du Hamel évite le dangereux écueil sur lequel s'est en partie brisée la théorie de Platon, confondant trop rigoureusement le Bien et le Beau.

Nous ne déclarons beau que l'objet d'une perception très distincte. Au nombre des choses sensibles, par exemple, celles-là seulement sont appelées belles qui tombent sous les sens de la vue et de l'ouïe; on dira des autres, qu'elles sont suaves,

---

(1) Splendor et fulgor boni ; nam ut splendor lucem, sic pulchritudinis species, latentem intus bonitatem nobis exhibet. *De Consensu — Lib. I. cap III. 6.*

(2) Bonum quidem latius patet : est enim omne quod appetitum allicit, aut alteri convenit, aut sese diffundere affectat; pulchrum vero, id *cujus cognitio placet.*

qu'elles sont agréables, rien de plus. Pourquoi ? Parce que l'ouïe et la vue nous donnent les notions de beaucoup les plus claires. Plus un objet est connu, plus il nous convient, s'il a de la beauté; plus nous avons négligé de l'étudier longtemps et avec soin, moins nous sommes capables d'en savourer le charme, et les artistes apprécient avec une plus grande exactitude que les autres hommes, le degré de beauté qui éclate dans les ouvrages de leur art. Il n'y a donc pas de beau sans connaissance comme il n'y a pas de beau sans plaisir; la beauté ne répond pas seulement à une émotion, ni seulement à une perception ; elle est l'objet d'une opération complexe de l'âme, et ne se révèle à la sensibilité que par l'intelligence.

Au-dessus de toutes les beautés, du Hamel établit celle de l'âme humaine (1), car elle est l'image de Dieu. Toute grâce, en effet, tout charme, tout attrait dans les créatures, est un rayonnement de la splendeur de Dieu; et celles qui sont plus voisines de leur centre, l'emportent nécessairement sur les autres.

Un être est le plus beau quand il a le plus d'essence et de vérité, quand se manifeste en lui l'unité

(1) Species animi longe maxima est, cum sit quasi imago divinæ pulchritudinis.

la plus parfaite, en même temps que la plus grande force. Ainsi, Dieu qui est simple et puissant par-dessus tous les êtres, les dépasse tous en beauté. Il leur donne à tous l'existence, la grâce et la per fection ; l'existence par sa bonté, la grâce par sa splendeur, la perfection par cette suavité constamment présente aux créatures intelligentes et sensibles, qui accomplissent leur destinée et vont à leur fin.

Dans cette échelle de communications divines, la bonté est au fond, la beauté au milieu, la suavité est au sommet ; la bonté est comme une semence, la beauté comme une fleur épanouie ; la suavité, c'est le plaisir que donnent, échangeant leurs vertus, un germe sain et une fleur de choix.

Du Hamel s'interroge ensuite sur les éléments nécessaires de la Beauté Physique. L'élément premier et négatif, c'est l'intégrité ; pour être beau, un corps ne doit être privé d'aucune des qualités ordinaires à sa nature ; le second élément, c'est l'éclat ; il est produit par le concert des nuances et le jeu des couleurs ; le dernier élément, c'est la proportion. Du Hamel se trouve ici en présence des deux thèses du Lycée et de l'Académie sur la dernière condition de la beauté physique. Aristote et son École en font la condition par excellence, et toute grâce.

d'après eux, consiste dans l'ordre et le juste tem-
pérament des parties. Du Hamel accepte plus volontiers la théorie des Platoniciens, celle que lui-même
développait tout à l'heure ; il y a un fait considérable qui resterait sans explication suffisante avec le
système exclusif d'Aristote : Comment ramener
toute beauté à un concert, à une harmonie, à une
proportion, du moment que certains êtres, simples
par excellence, sont certainement beaux, la lumière, par exemple ? De plus, n'est-il pas juste de
préférer à toute autre une notion de la beauté physique
qui se rapprocherait le plus possible d'une juste
notion de la beauté morale ? Les platoniciens partent
de ce principe ; les disciples d'Aristote y paraissent
indifférents.

Du Hamel ne refuse cependant pas de faire, à
l'avantage de ceux-ci une très importante considération ; il y a deux sortes de proportion ou harmonie entre les éléments, l'une dans l'objet lui-même
auquel les hommes attribuent la beauté, l'autre à la
fois dans cet objet, et dans les facultés humaines qui
nous le rendent présent.

La première de ces deux proportions ne convient
qu'à la beauté physique, la seconde peut convenir
à la beauté physique comme à la beauté morale.
Puisque le beau est la splendeur du bon, il ne peut

pas se concevoir autrement, que dans un rapport de convenance et d'harmonie. Changer un terme du rapport, ce sera fréquemment troubler la relation et altérer la beauté.

Ainsi, de toutes les couleurs, celle qui repose le mieux le regard, c'est la couleur verte ; elle ne convient cependant pas indistinctement à toutes sortes d'objets, et l'œil de l'homme qui se reposait tout à l'heure sur les feuilles des arbres, et le gazon des prés, ne supporterait ni une barbe verte, ni des cheveux verts.

Rien encore n'est aimable comme la lumière ; que la lumière cependant dépasse une certaine mesure d'intensité, non seulement nous ne l'aimerons plus, mais elle nous sera un insupportable fardeau. La beauté n'est donc pas absolue ; elle a sa règle, elle a sa mesure ; dans sa notion, entrent toujours la proportion et l'harmonie.

Quelle est la règle de la beauté ? Existe-t-il dans notre âme une sorte *de type* avec lequel, nous comparons les idées et les formes, ne les déclarant belles, que si la comparaison leur est favorable ? Du Hamel n'en doute pas. Notre âme est l'image de la divinité ; en nous créant, Dieu met dans notre intelligence des caractères et des empreintes, que nous voulons retrouver dans les êtres, avant de les déclarer beaux, et de nous laisser entraîner vers eux, comme par un attrait.

C'était déjà la pensée de St Augustin : partout où nous allons, Dieu nous parle par les signes dont il a marqué ses ouvrages, et lorsque vous vous inclinez vers les choses extérieures, il vous invite, par la forme même des choses extérieures, à rentrer dans votre âme. Dans tout ce qui vous plaît, dans tout ce qui vous charme, vous croyez à une loi, vous voulez en savoir le principe et vous vous repliez sur vous-même, sûr alors de ne rien trouver beau, et de ne rien trouver difforme, que parce que les lois de la beauté, sont inscrites en votre être ; c'est par elles que vous avez jugé les créatures extérieures (1).

Aussi n'y a-t-il pas de beautés que l'homme ne puisse apprécier ; il s'en faut que les plus célèbres même, excèdent notre puissance de contrôle et la vertu de notre *criterium*. Nous pouvons imaginer une statue plus parfaite que celles de Phidias. Et

(1) « Quoquo te verteris, vestigiis quibusdam, quæ operibus suis impressit, loquitur tibi Deus, et, te in exteriora relabentem, ipsis interiorum formis intro revocat, ut quidquid delectat te in corpore, et per corporeos illicit sensus, videas esse numerosum et quœras unde sit, et in teipsum redeas, atque intelligas te id quod attingis rebus corporeis, probare aut improbare non posse, nisi in te habeas quasdam pulchitudinis leges, ad quas referas quœ pulchra sentis interius. »

Libre arbitre. — Liv. II

quand Phidias lui-même sculptait Minerve ou Jupiter, au sommet de sa pensée, il y avait un idéal vers lequel ses efforts se tournaient et qu'il se sentait impuissant à reproduire, malgré la délicatesse de son art et la docilité de son ciseau.

PREMIÈRE PARTIE DU *de consensu*.

(Analyse).

Du Hamel commence par préciser avec exactitude les différences de la philosophie platonicienne et de la philosophie d'Aristote, l'une plus élevée. l'autre plus profonde; l'une subtile et pressante, l'autre majestueuse et solennelle ; avec Platon, les arguments *à priori* et la raison humaine descendant du ciel vers la terre ; avec Aristote, l'observation, l'expérience, les conquêtes pied à pied du syllogisme, et les distances parcourues dans la direction opposée à celle de Platon.

Sur l'autorité de saint Augustin, du Hamel divise en trois parties toute philosophie : la Physique, la Dialectique et la Morale. Il définit le Principe et la Cause, et en marque soigneusement les grandes espè-A cette occasion, il réfute la théorie de ceux qui ne veulent reconnaître qu'une sorte de Cause efficiente.

Mais comme cette opinion, entendue d'une certaine manière, pourrait se concilier avec la doctrine contraire, du Hamel y revient un peu plus loin pour donner les diverses théories de la causalité, et insister sur celles de toutes, avec lesquelles s'accordent le plus grand nombre de systèmes.

Il admet la distinction des êtres telle que l'enseignait l'Académie : l'Unité qui crée et organise, le Monde des intelligences, la Nature vivante, et les Etres inanimés. C'est encore sur les Platoniciens qu'il aime à s'appuyer de préférence, dans son développement des preuves de l'existence de Dieu. Il prouve successivement l'existence d'une cause première efficiente, d'une cause exemplaire ou typique et d'une cause dernière ou finale, d'abord par l'idée de Dieu, inséparable de chacune de nos connaissances et de chacune de nos opérations mentales ; ensuite par l'analyse de l'acte volontaire. S'il trouve des objections, il les expose et les discute.

A la fin de sa thèse, il quitte les Platoniciens pour saint Anselme et Descartes, dont il explique à son tour le fameux argument.

Le voilà arrivé au terme de la première partie de sa Métaphysique où il devait traiter du premier. Etre. Il aborde la seconde partie.

Que faut-il entendre par Monde intellectuel ? Comment résoudre les objections à la notion platonicienne de l'Idée? Qu'est-ce que les Nombres? Entre les théories les plus connues de l'Unité et de la Beauté, quelle est celle qu'il convient de choisir ? Ces questions sont successivement étudiées.

A l'occasion de la première définition du chapitre IV, du Hamel se sépare de l'Académie et de Platon ; à l'hypothèse de l'Ame du monde, il oppose la théorie des anciens philosophes égyptiens, devenue plus tard un dogme de notre religion ; il définit la Providence, en démontre la présence et l'action dans le monde.

Le système de l'Ame du monde est moins loin cependant que la philosophie d'Epicure, de la sublime et consolante vérité que du Hamel vient d'établir. Il résume donc les traits· généraux de la Métaphysique épicurienne, pour en mettre en relief tantôt l'insuffisance, tantôt l'absurdité.

Avec Epicure et l'Ecole du Hasard, du Hamel réfute Chrysippe et l'Ecole de la Fatalité. Il lui reste à répondre ensuite aux objections plus générales que celles des deux sectes épicurienne, et stoïcienne, contre la Providence et le Concours divin. Ces deux dernières notions ne sont pas identiques ; du Hamel les distingue, avant de démontrer les grandes thèses correspondantes.

Le chapitre V sur le monde matériel, est consacré, dans sa plus grande partie, à l'examen des enseignements philosophiques sur l'origine de l'Univers. Du Hamel n'a pas de peine à prendre de nouveau le parti de Platon contre Aristote; l'idée de l'éternité de la matière ne lui paraît pas moins déraisonnable, qu'à propos de la Providence et du Concours, les suppositions d'Epicure en faveur du Hasard.

Mais au-dessus de Platon et par un chemin plus sûr que la doctrine du *Timée*, du Hamel aime à se laisser conduire, en traitant de la Création, par la parole du Créateur lui-même. Dans le monde matériel, il voit, non seulement comme Platon, l'ouvrage d'un seul Dieu, mais comme saint Augustin, l'œuvre de la Trinité (1). Il suit le récit de la Genèse sur l'œuvre des six jours, et y fait voir, marquée très explicitement, la distinction scientifique des êtres créés.

Enfin il énumère et définit les quatre éléments primitifs : le feu, l'air, la terre et l'eau. Pythagore

___

(1) Trinitas insinuatur Creatoris; nàm, dicente Scriptura : « in *Principio Deus fecit cœlum et terram* » intelligimus Patrem in *Dei* nomine et Filium in *Principii* nomine : dicente autem Scripturâ « et *Spiritus* Domini ferebatur super aquas, » completam commemorationem Trinitatis ognoscimus.
St Aug. In I. de Genesi. De *consensu* Lib. : cap. V. 3.

les a tous figurés par des images géométriques, dont notre philosophe admet l'exactitude. Les éléments se distinguent entre eux par trois sortes de caractères ; ils sont denses ou subtils, mobiles ou inertes, pénétrants ou *obtus* (1).

Le chapitre VI est une analyse rigoureuse des enseignements d'Aristote sur les Principes des êtres. Du Hamel raconte brièvement l'histoire des philosophies primitives, s'imposant comme une loi unique, d'étudier les Principes et d'en caractériser l'action fondamentale.

Les Principes sont au nombre de trois, la Forme, la Privation ou Défaut, et la Matière Première ; les deux premiers s'excluent l'un l'autre ; ils sont les attributs opposés du troisième. Les partisans d'Aristote ont tous admis cette doctrine ; mais dans l'application qu'ils en ont faite à l'étude de la philosophie, ils n'ont pas tardé à se séparer en un grand nombre d'écoles. Du Hamel s'efforce, suivant son habitude, et l'intention marquée dans sa Préface, d'accorder entre eux les Péripatéticiens, comme à propos de la Beauté, par exemple, il a voulu les con-

---

(1) Subtilia sunt vel crassa ; acuta vel obtusa ; mobilia vel immobilia : ignis subtilis est, acutus et mobilis : terra è contrario crassa, et obtusa, et immobilis : aer subtilis, obtusus et mobilis ; aqua crassa, obtusa, mobilis.

cilier avec l'Académie. Après avoir pesé les preuves qu'Aristote à données de l'existence d'une Matière Première, accepté les unes, et rejeté les autres, du Hamel définit l'individu, le suppôt et les formes.

Tout ce qui suit, jusqu'au chapitre VII a pour objet l'origine des Formes et leur altération. Fernel et Scoliger avaient récemment essayé de donner une vie nouvelle à ces sujets d'études tombés en discrédit. Du Hamel critique leurs efforts et compare leur doctrine sans se prononcer absolument.

Le développement de ces notions abstraites, mais encore classiques, au temps de du Hamel, le ramène à Démocrate et à Épicure. Il explique la théorie des atomes et celle des points mathémathiques qui se confond avec elle, d'après les nouveaux Épicuriens. Il reproche à l'hypothèse d'Épicure, de soulever une multitude de questions sans réponse possible.

Avec Descartes, du Hamel, à la fin de son Premier livre, entre dans des explications d'un ordre nouveau : sur la différeuce de la nature et de l'art, et sur les lois principales du mouvement. Comme pour préparer aux questions de philosophie expérimentale du Second livre, il finit par une sorte de résumé critique de l'Astronomie cartésienne.

LE LIVRE DE MENTE HUMANA.

UN PLAN DE PSYCHOLOGIE RATIONNELLE.

Du Hamel avait longuement et fréquemment écrit sur les diverses parties de la philosophie étrangère à l'étude de l'âme humaine. Ses quatre premiers livres, réunis en deux corps d'ouvrage, avaient été consacrés au monde extérieur, au ciel et aux astres ; à la terre, aux météores et aux minéraux. Dans les deux suivants qui forment le traité du *De Consensu*, il s'était élevé plus haut, dans les régions les plus difficilement accessibles de la spéculation philosophique. Tout récemment enfin, il avait complété son œuvre publique de savant physicien, dans son Traité sur les *Propriétés des Corps*.

Il s'était également préoccupé d'appuyer chacun de ses enseignements sur des preuves d'observation et de ne laisser son lecteur, étranger à aucune de ces théories fondamentales dont les grands métaphysiciens ont surpris les secrets, aux sources même de la connaissance.

Après l'étude générale et en détail de la nature, de ses lois et de ses éléments insensibles, il avait à aborder, en véritable philosophe, l'étude de l'homme. Puisqu'il avait une incontestable puissance de travail et une infatigable sagacité, l'occasion était venue de leur donner un sujet de s'exercer sur un objet, non moins haut que le thème de ses travaux passés, et plus intéressant.

Quelle était, du reste, sa préoccupation constante de philosophe chrétien, quelle vérité avait-il mise, dès le commencement, au-dessus de toutes les autres, pour se servir de toutes, comme d'une sûre échelle qui l'élèverait à celle-là ?

N'avait-il pas voulu connaître Dieu de plus en plus, se rendre de plus en plus capable de reposer sa pensée et la pensée d'autrui dans cette ravissante et souveraine connaissance ? Sans doute, il s'en était déjà singulièrement rapproché, lorsque, pour expliquer le platonisme dans le livre *de Consensu*, il avait établi les thèses de l'existence de Dieu, et découvert au sommet des choses, l'Etre nécessaire et premier. Il lui semblait, cependant, comme à tout philosophe qui médite, que la science de l'âme humaine est plus près d'une théodicée suffisante, que la théorie de l'Académie antique sur l'Unité et l'abstraction.

Il y a une image excellente de la majesté divine : c'est la nature humaine. Du Hamel s'était attardé à cette pensée toutes les fois que l'occasion s'était offerte à lui dans ses ouvrages ; il la retrouvait toujours aussi vraie, désormais plus encourageante encore, à la première page de son livre sur *l'Ame de l'Homme* (1) ; il sentait l'heureuse impossibilité de considérer attentivement les facultés humaines dans leur activité libre, sans y voir passer un rayon de la Divinité.

Comme l'artiste et l'ouvrier se plaisent à graver leur empreinte sur l'édifice qu'élève celui-ci ou le tableau que celui-là dessine, l'Ouvrier éternel a frappé de sa marque le travail de ses mains. Chez quel-

(1) In quó studium nostrum, et labor potius acquiescat, quàm in cognitione Dei et nostri ? Etsi autem theologia naæturalis quœ in contemplatione versatur, jam aliquâ x parte, in priore *de consensu veteris et novœ philosophiœ* libro fuit à nobisexposita…illius tamen pars melior ad hos libros quodammodo pertinet. Nam Dinvinæ majestatis fulgor, non alibi clarius, quàm in nobis ipsis micat.
(*De Mente Hum. — Patio operis. p.* 5).

ques créatures, la marque de Dieu est un simple vestige ; chez d'autres, c'est une ressemblance ; notre âme est de ces dernières (1).

Ecrire un livre sur l'homme, c'est donc parler de Dieu ; entrer dans une étude de la nature humaine, c'est se mettre au vestibule d'une théodicée.

Sans doute, l'homme n'est pas seulement une créature spirituelle ; avec l'âme, il a un corps, et, dans une psychologie, on ne peut pas tout dire sur notre être. Aussi du Hamel a-t-il déjà formé le projet et le plan d'un autre livre, où il traitera du *corps humain* et de ses *fonctions* ; logiquement, il aurait dû l'écrire avant l'ouvrage qu'il commence, mais il était impatient d'aborder une étude où encore une fois, en même temps que s'éclairer, il pût se réjouir.

Un être fait reconnaître sa nature à la qualité des actes qu'il accomplit et des fonctions qu'il exerce : il y a donc lieu d'indiquer tout d'abord, et de définir chacune des opérations de notre âme. Quand toutes auront été spécifiées, le travail de l'auteur sur chaque faculté de l'homme, paraîtra plus facile, comme celui de l'historien de la nature, quand après, avoir mis sous

(1) Illius imago sic animis nostris impressa est ut difficile sit mentem humanam paulo attentius intueri, quin summi omnium Principis luce perfundamur. Nàm ut artifices solent suis operibus notam attexere, sic imaginem, vel ideam sui mentibus nostris insculpsit Deus.

les yeux de ses disciples, les fleurs et les fruits de quelques arbres, il vient à leur parler des propriétés, des énergies, et de la nature intime de cet arbre lui-même.

Après l'étude des facultés, viendra celle du principe *pensant*, ou de l'âme considérée en soi. L'ouvrage tout entier aura quatre parties.

Du Hamel étudiera dans la Première la nature et le progrès de la connaissance en général, ou de la simple perception; dans la Deuxième, la formation et les régles du jugement. A ce propos et, pour se conformer à l'exemple des maîtres, il répondra aux questions générales sur les marques de la vérité : comment la reconnaître de l'erreur ? Qu'est-ce que le vrai ? Qu'est-ce que le faux ? Quelles sont les principales causes pour lesquelles on se trompe parmi les hommes ?

Il consacrera sa Troisième partie à l'argumentation ; sur ce sujet, les philosophes ont l'habitude d'entrer dans de longs détails techniques qui n'ont pas tous la même utilité ; dans la pensée de du Hamel, les développements qu'il se propose de donner aux théories du syllogisme et aux formes spéciales de la démonstration, seront complets, sans être superflus.

Pour ne pas fatiguer son lecteur par l'uniformité

et l'aridité des préceptes, il se propose de multi-
plier les exemples. A côté de la déduction et du
syllogisme qui furent les puissants instruments de
l'ancienne logique, les philosophes modernes ont
fait à l'induction une place d'honneur. Du Hamel
veut la lui conserver dans son livre. L'induction est
l'avenir des sciences ; elles commencent à prendre
leur essor grâce à elle ; prudemment conduite et
courageusement poursuivie, elle les amènera aux
plus heureux développpements ; du Hamel croit
à ce présage, il veut en justifier la vérité et la
portée.

L'excès, toutefois, serait fatal à la pratique de l'induction. L'expérience et la réflexion en font connaître les lois ; c'est au logicien à en fixer le code (1),
comme il a fait pour les règles de la déduction et
du syllogisme ; précautions à garder dans l'expérimentation ; mesure de confiance à lui donner ; son
utilité, non seulement dans la recherche du vrai,
mais encore dans la satisfaction des besoins de la
vie, autant de sujets qui promettent à une partie de

---

(1) Qua ratione experimenta oporteret, quatenùs iis esset
adhibenda fides, aut detrahenda, quem usum ad vitæ com-
moda prœstarent, tot exemplis , tot experimentis confirmatum est, ut metuendum nobis sit, ne magnam Philosophiæ experimentalis partem in hoc opusculum contulisse
videamur.

l'ouvrage, l'intérêt d'un traité de chimie ou de physique expérimentale.

Quand l'œuvre du logicien sera finie, celle du psychologue commencera. La perception, le jugement et le raisonnement, sont des actes de l'âme ; ils n'en sont pas tous les actes. Certains autres n'ont avec ceux-ci que des rapports et pas de ressemblance : l'émotion, le sentiment, *la volition*, etc.

Il convient donc d'attribuer seulement à une certaine faculté de l'âme, les opérations que du Hamel a étudiées dans les trois premiers livres ; à d'autres actes qu'il doit étudier maintenant, répondent des facultés différentes.

Quelles sont donc les facultés de l'âme distinctes du pouvoir de raisonner, de percevoir et de juger ? Quelles sont, avec ces puissances précieuses, les prérogatives *transcendantales* de l'âme humaine ? Comment prouver son immortalité ?

Pour résoudre cette succession de problèmes, du Hamel se servira avec confiance, de la double méthode d'induction et de déduction dont il aura d'avance établi la légitimité.

DE L'AME SÉPARÉE DU CORPS.

(Thèse de du Hamel.)

Après avoir prouvé l'immortalité de l'âme par sa nature, ses fonctions, le consentement universel et les attributs du Créateur, du Hamel résout les objections que l'on a élevées contre sa thèse, depuis Démocrite et Lucrèce, jusqu'aux disciples les plus mal inspirés de Gassendi. Entre toutes ces difficultés, il en est quelques-unes d'une délicatesse spéciale et auxquelles du Hamel s'arrête plus longtemps ; elles ont pour objet l'état de l'âme immortelle *séparée* à un moment donné, du corps mortel qu'elle anima, pour attendre les sentences solennelles du Dernier Jugement.

Séparée du corps, l'âme sera-t-elle capable de sensibilité ? Sans le secours des sens, sera-t-elle capable d'intelligence ? Hors du corps, par l'instrument duquel elle recueillait les perceptions et les connaisssances, sera-t-elle capable de mémoire ?

L'esprit humain a-t-il par lui-même la puissance de se souvenir et certaines affections toutes physiques ne ruinent-elles pas notre mémoire(1) au point

(1) Nam sœpe morbus pestilens ita memoriam edimit, ut homines, ne sui quidem nominis, meninerint. — *De Mente Hum. cap. ultimum.*

11

que l'homme malade oublie même son nom?

Gassendi n'a-t-il pas soutenu qu'il n'y a pas d'habitudes intellectuelles? La faculté de savoir et de comprendre dépend tout entière, d'après lui, de certaines dépressions du cerveau et des figures insensibles formées par l'imagination; la dépression s'aff aiblit à la longue et quand elle est une fois effacée, l'homme est comme s'il n'avait rien appris.

On parle de lenteur et de rapidité intellectuelles. Ce sont des termes absolument métaphoriques; nous apprenons vite ou lentement suivant que nos organes affaiblis ou dispos, rebelles ou dociles se prêtent avec effort ou aisément aux impressions extérieures.

Où trouver un objet de connaissance pour l'âme séparée ?

Elle ne peut plus connaître les corps ; il faut un fondement à toute relation ; et il n'y a pas de rapport possible entre les objets sensibles et un esprit isolé des organes.

Elle ne peut pas connaître les esprits; pour cela une image des essences spirituelles lui serait nécessaire, et il répugne qu'il y en ait une : l'indivisible ne se représente pas.

Ce qui est violent ne dure pas, et il n'y a pas d'état de l'âme plus marqué de violence, que celui où elle se trouverait, si on la séparait du corps. Dans cet état, du reste, comment se mouvrait-elle ? Aristote n'a-t-il pas démontré qu'il n'y a pas de mouvement possible pour ce qui est irréductible (1).

S'il est légitime de prouver l'immortalité de l'àme par la nature d'une de ses fonctions, il ne l'est pas moins de prouver que l'âme est mortelle par le rapport nécessaire, d'un grand nombre de ses manifestations, avec des phénomènes matériels. Les deux puissances, végétative et sensitive (2), survivent-elles au corps humain, avec l'âme raisonnable ? Peut-on se représenter avec la seule vie d'intelligence, l'âme, principe essentielle de trois sortes de vie.

L'âme n'a pu être créée sans le corps, elle ne peut pas vivre sans lui ; une forme ne subsiste point par elle-même, et l'âme, d'après le principe aristotélicien qui domine, depuis plus de deux mille ans, toute discussion de psychologie et de métaphysique, est-elle autre chose que la forme du corps ?

(1) Quidquid autem est insectile, et partium expers, motu continuo ferri nequit, ut a Philosopho demonstratum.

(2) Rogat an vegetatrix et sentiens facultates in animâ rationali sint superstites, an otiosæ ? An ipsa anima quæ triplicis vitæ radix est, uni tantum intellectivæ vocet ?

— Telle est la série des difficultés que du Hamel se propose d’aplanir, à la fin du *de Mente Humana.*

Il commence par leur opposer une réflexion générale qui diminue de beaucoup leur portée. Il ne suffit pas d’ignorer la manière dont s’exerceraient l’intelligence et la sensibilité humaine dans une âme séparée du corps, pour nier la possibilité de la séparation. Les astres se meuvent; la variété des mouvements particuliers ne le cède qu’à l’admirable régularité de l’ensemble. Comment s’opère cependant cette gravitation merveilleuse, par quelle sorte de ressorts ou d’appareils (1) ?

N’allons donc pas mettre en doute l’existence possible des âmes isolées, pour un temps plus ou moins long, de leurs enveloppes organiques, sous le prétexte qu’il nous est difficile de nous représenter suffisamment les circonstances générales de cet état d’isolement.

Sortie du corps, l’âme peut avoir des émotions par elle-même, sans le secours des yeux et des organes. Le corps, en effet, est l’instrument de la sensation, il n’en est pas le principe; ce n’est pas

(1) Moveri sidera , atque eosdem cursus constantissimè servare, disparibus inter se motibus, nemo ambigit ; at quibus rotis aut machinis illæ conversiones perficiantur, quis novit ?

luı qui souffre ou qui jouit; c'est l'âme, sa compagne.

Le plaisir ou la douleur semblent même pouvoir augmenter d'intensité, quand ils dépendent moins du concert de l'âme et des organes. Quand la certitude et la clarté des conceptions de l'âme ne sont plus embarrassées par le voisinage d'une chair alourdie et capricieuse, il y a une plus irrésistible vivacité dans le désir, et la privation de l'objet aimé est l'occasion de tourments plus aigus.

A la vérité, il demeure toujours malaisé de comprendre comment se fait, sans l'intermédiaire des sens et du corps, l'évolution de la connaissance et de la sensibilité. Mais est-il plus facile de comprendre et de dire comment elle se fait, avec leur entremise ?

C'était déjà la pensée de Cicéron : « Si je réfléchis sur la nature de l'âme, le problème de son emprisonnement dans le corps m'embarrasse beaucoup plus que les questions à se poser sur son état, quand elle s'élancera vers le séjour de la liberté, comme vers sa demeure. Nous pénétrons mieux la nature des choses, quand notre âme s'affranchit de ses liens corporels et se contraint plus rigoureusement à n'être qu'elle-même. Quel sujet d'espérance pour le jour où elle quittera son obscure prison (1). »

(1) « Mihi naturam animi intuenti, multa difficilior oc-

Rien surtout ne pourra empêcher l'âme, débarrassée de ses entraves, de mieux se connaître elle-même.

Pour cela, en effet, elle n'a plus besoin désormais d'aucune sorte d'images ou de représentations. De quel usage sont-elles pour la connaissance ? Elles rapprochent l'objet de l'intelligence qui l'appréhende ; or l'âme est aussi près d'elle-même que possible. L'âme ne peut douter de sa propre pensée ni de sa propre action. Echappant à la multiplicité des opérations, en même temps qu'à l'influence changeante de la chair et des sens, elle s'appréhende directement elle-même, par une seule forme de connaissances.

Du Hamel ne se laisse pas davantage ébranler par l'argument de ceux qui localisent la mémoire dans le cerveau, et après la dissolution de celui-ci, refusent toute vertu à celle-là. Il accepte, sans doute, l'hypothèse de la localisation et admet, avec les Gassendistes que, pour les objets sensibles, la dépression des molécules célébrales est le véhicule ordinaire de la perception.

---

currit cogitatio, qualis animus in corpore sit, tanquam alienæ domi, quàm qualis quum exierit, et in liberums Cœlum, quasi in domum suam venerit. Quis non videat nos sincerius rerum naturas percipere, quo magis a corpore sevocamus animum, et secum esse co gimus ? Quid ergo fu turum arbitramur, cum ex hoc tenebroso carcere emissus fuerit ?

Pas de connaissance sans une image, **telle** est une des formules favorites de ses adversaires ; pour les choses spirituelles elles-mêmes, l'esprit donne d'abord naissance à une image sensible, et lui fait signifier ensuite l'objet insensible.

Mais demande du Hamel, par quelle puissance l'âme humaine a-t-elle saisi le rapport de l'objet incorporel et de son image plus ou moins matérielle ? Qui l'a dressée à se représenter une substance infinie, immense, éternelle et simple, quand se prononce ce seul monosyllabe, *Dieu* (1) ? Dans le cerveau de l'homme, il n'y a certainement pas d'image pour reproduire et figurer un être qui dépasse infiniment toute imagination. Dans l'effort que l'esprit vient de faire, il ne faut donc pas voir un exercice de l'imagination, mais plutôt et exclusivement, un acte de mémoire ; cet acte, c'est l'intelligence seule qui l'a produit par sa propre vertu. C'est encore le propre de l'intelligence humaine d'appeler directement, et sans l'intermédiaire du cerveau, la série des pensées qui forment une démonstration par leur enchaînement. Aucune hypothèse n'expliquerait comment le cerveau, par les impressions qu'il reçoit, peut suffire à un labeur si compliqué, en même temps que si rapide.

(1) Quis illam docuit, hâc voce *Deus*, substantiam infinitam, immensam, œternam, corporis expertum significari.

Il y a des multitudes de règles présentes à la fois, à l'esprit des artistes, des orateurs et des poètes, quand ils composent le moindre trait de leurs chefs-d'œuvre (1).

Il ne serait pas explicable que la puissance intellectuelle, qui a tant d'objets présents au même instant, dépendît d'une action corporelle. Pourquoi donc toutes mes connaissances tomberaient-elles nécessairement dans les abîmes de l'oubli, quand se dissipent les particules nerveuses, et quand s'effacent les dépressions cérébrales ?

Il existe à n'en pas douter, des qualifés de l'âme qui ne dépendent point de l'état des organes. A force de souplesse et de sagacité, à force de certitude et de pénétration, l'esprit descend du sommet des principes aux circonstances et aux détails ; il discerne les nuances, prévoit les difficultés et les écarte. Ni la variété des aperçus, ni la subtilité des objections, ne peut faire dévier de ses principes ou de sa ligne d'argumentation, l'intelligence du logicien et du penseur.

Attentive et réglée, la raison dispose toute chose avec ordre ; elle distingue les éléments confondus, et

____

(1) Mitto de artificibus, poetis, retoribus dicere, quibus regulæ aitis prope innumerabiles sunt in conspectu, cum aliquod opus ingrediuntur : nec possibile est vim sensibilem, et corpore alligatam tam multa simul intueri.

marque à chaque objet son exacte déiimitation par rapport à tout autre ; elle assigne les relations et les connexités ; établit les synthèses ou développe les analyses.

Qui pourrait croire que de telles prérogatives, si aisément exercées. fussent dans l'étroite dépendance du cerveau, et non pas identiques à la nature de l'âme, libres comme elle de toute sujétion (1) ?

Un état violent n'est pas durable, avaient encore objecté certains matérialistes, et l'âme, si on la séparait du corps, souffrirait, pendant toute la durée de la séparation une intolérable violence. Du Hamel ne le croit pas. Sans doute, l'âme conserve, dans la condition qu'on vient de dire, une certaine tendance (2) à retrouver les organes, avec lesquels elle

(1) Rationis denique subtilitas et acumen , quo cuncta concinnè digerimus, nihil pertubate aggredimur, quæ confusa sunt, aptè distinguimus, àc suos cuique rei fines prescribimus ; res ipsa ut sunt cernimus ; ex iis rectè, et prudenter quœ connesxa sunt colligimus, àc nihil non excussum relinquimus. Numquid, inquam, hæ virtutes ad solius cerebri constitutionem, non ad animi ipsus naturam pertinent ?

(2) Nihil quoque est quod timeant, ut disjuncta à corpore anima, atque in statu violento constituta diutius permanere possit. Nam ut quamdam ad corpus propensionem retineat, non continum vim aliquam patitur ; et si quid ei ad summam perfectionem deest, aliis dotibus abunde id pensatur : tum enim cuncta multo puriora cernit, et cupiditatum expers, non amplius in diversa scinditur.

était née, ici-bas, au mouvement et à la perception ; mais cette tendance n'est pas douloureuse. Pour dédommager l'âme de n'être pas encore dans la parfaite évolution de sa nature et dans la consommation de ses heureuses fortunes, il lui est venu déjà un assez grand nombre de compensations.

Quant à l'argument tiré de la prétendue immobilité où l'âme se trouverait réduite après la séparation, du Hamel ne le juge pas sérieux.

Lorsque Aristote a fait de l'absence du mouvement une condition nécessaire de l'indivisibilité, il parlait en mathématicien, et non en philosophe; il s'agissait pour lui d'un *irréductible* sans intelligence et sans attributs : le *point géométrique* (1). La lumière, le fluide vital, l'éclair électrique se meuvent dans un point précis de la durée qui nous paraît lui-même indivisible. N'est-il pas naturel d'attribuer à l'âme de l'homme, une force de mouvement plus incroyable encore ? D'après Aristote lui-même, les corps célestes sont mis en mouvement par de pures intelligences, qu'il serait étrange de condamner à

(1) Sed prœclarum nescio quid sibi videtur dicere, cum animam fore immobilem argutatur, quod Aristoteles *indivisible* motu omni privari demonstret ; id enim fortasse de *puncto* concedimus, non de substantia spirituali quæ, nec locis, nec temporibus subjicitur.

l'inertie, en leur reconnaissant le pouvoir de déplacer et d'agiter les mondes.

S'élevant de plus en plus jusqu'aux sommets où la psychologie et la métaphysique se confondent, du Hamel déclare le pouvoir de penser, plus naturel à l'âme qui a quitté le corps, qu'à l'esprit encore attaché à la matière. Lorsque le corps et l'âme demeurent unis, il est dans leur nature, qu'à certaines vibrations des organes, répondent les impressions du cerveau, les sensations de l'âme, la perception des vibrations commuiquées, et l'idée de l'objet extérieur. Le nom de *Dieu* s'échappe des lèvres d'un homme ; l'air s'agite, l'ouïe est ébranlée, la perception du son accompagne aussitôt la secousse de l'organe ; et comme d'après la convention universelle, l'idée d'une nature infiniment parfaite a été rattachée à ce son, il ne se produit jamais sans que cette idée ne s'éveille. Ce n'est pas un faible sujet d'admiration, que la vibration de l'air répandu dans l'espace ou les mouvements d'une goutte d'encre, dirigés par ma main (1), amènent l'esprit de celui qui regarde ou qui écoute, à penser comme moi.

(1) Id mirari satis non possumus quî fierit possît, ut verberatus aer, aut atramenti guttulæ certâ ratione conformatæ, in animis audientum easdem quæ in nobis sunt, cogitationes possint efficere.

C'est une merveille de la nature, à laquelle il m'est impossible cependant de ne pas croire. Combien de fois serait plus admissible, l'hypothèse de deux âmes, se communiquant immédiatement l'une à l'autre, leurs sentiments et leurs pensées? Il y aurait ici, identité de nature, similitude de puissances, vraisemblance parfaite.

Dans nos rapports avec autrui, la plupart des obscurités ont pour cause, non pas la nature des âmes, mais l'imperfection des signes et des mots.

De nouveau, si quelqu'un demande à du Hamel, comment pourra se faire l'entretien direct de deux intelligences affranchies, le philosophe répond : comment peut-il se faire que des parcelles d'air, respirées par ma poitrine, soumises dans ma gorge à des évolutions déterminées, et reçues dans l'oreille d'un interlocuteur éveillent aussitôt l'activité de son esprit et le remplissent de ma pensée (1) ?

Le simple exercice de deux volontés dont l'une se porte vers l'autre, n'est-il pas, autant que le

(1) Quod si quis molestius inquirat, quâ ratione id. effici possit : prœterquam quod jàm abunde satisfactum puto, ab eo vicissim requiram quomodo fiat, ut verberatus aer pulmonibus cum impetu protrusus, et certâ ratione in oris cavitate efformatus, dum aures ferit, cerebrum aut spiritus afficit, statim alterius mentem excitet, ut mentis meæ cogitationem assequatur.

mouvement de l'air et l'ébranlement d'un organe, une cause suffisante de perception ? Quelques philosophes ont supposé que l'action matérielle sur les sens, n'est pas véritablement une *cause*, mais plutôt une simple *occasion*, Dieu, lui-même, centre actif et indéfectible de toute connaissance, produisant directement la perception, lorsque la condition matérielle est une fois posée. De même. quand le pur esprit voudra transmettre une émotion ou une idée à son semblable, Dieu, à l'occasion de cet acte de volonté, agira pour que l'émotion ou l'idée arrivent sûrement à leur terme.

Dans ce système, il n'y a pas d'idées nouvelles, ni de nouvelles perceptions, sans une opération divine ; mais à son tour, l'opération divine dont il s'agit ici ne se produit, qu'après une détermination de notre volonté, *occasion* nécessaire, sinon efficace.

Les objections contre l'immortalité de l'âme que du Hamel vient de poser et de résoudre, ne lui semblent empreintes ni de véritable philosophie, ni de sérieuse bonne foi (1).

Parce que l'âme ne peut pas, même dès cette vie, se connaître elle-même, ni se décrire exactement,

(1) Cumque alii qui aliter sentiunt, questiones alias ex aliis nectunt, ac difficultatibus congerendis navant operam, minus bonâ fide, neque ut Philosophos decet, agere videntur.

doute-t-elle de son existence et de son mouvement ? Par la difficulté de tout voir, nous ne devons pas nous laisser persuader que nous ne voyons rien. Mal instruite sur elle-même, l'âme possède néanmoins une infinité de connaissances ; elle ne peut pas en douter : de même l'œil humain embrasse les horizons les plus variés et les plus étendus, sans se rencontrer lui-même jamais.

L'âme n'ignore ni sa propre puissance, ni sa perspicacité, ni sa mémoire, ni son mouvement, ni sa rapidité. Et comme Dieu se connaît par ses œuvres, l'âme se connaît par ses prérogatives : le souvenir, la conception, la liberté ne lui appartiennent, que parce qu'elle est une force divine (1).

Ainsi raisonnèrent autrefois, comme le remarque encore du Hamel, les philosophes profanes. Depuis, nous avons recueilli l'oracle des Prophètes, l'enseignement des Apôtres, les révélations de la Sagesse ; il ne nous convient pas d'exposer notre âme aux dernières infortunes, avec la seule excuse d'avoir trouvé trop difficile à se représenter, la forme spirituelle de l'âme séparée de son corps. Sur un si

(1) **Vim** certe suam, sagacitatem, memoriam, motum, celeritatem videt. Atque ut Deum agnocis ex operibus ejus, sic **ex memoria rerum**, et inventione et celeritate motus, omnique pulchritudine virtutis, vim divinam mentis agnoscito.

grave objet, pour avoir raison du consentement universel, de la logique, de la foi elle-même, supérieure à la raison universelle comme à l'intelligence des individus, il faudrait, aux ennemis de notre croyance, d'irrésistibles arguments.

L'homme ne peut pas se laisser réduire, par les conséquences rigoureuses de leur système, à la condition éphémère et abaissée des êtres inférieurs, sans réclamer des preuves de leur assertion et les titres de sa déchéance (1).

Mais leur argumentation est caduque ; elle repose sur des équivoques ou des pétitions de principe. La thèse de l'immortalité de l'âme et ses corollaires immédiats demeurent donc au-dessus de leurs atteintes.

---

(1) Qui se prœter ceteros sapere existimant, nosque ad mutorum animalium sortem deprimunt, eos sane validis et invictis omnino demonstrationibus armatos in aciem prodire necesse est, ut rem omnium pene consensu firmatam, tot rationibus munitam, et fide ipsà, quæ omnem vincit rationem, et Scripturarum auctoritate confirmatam aliquâ ex parte labefactare possint. Nec quicquam hactenùs attulerunt, quod non magnà facilitate dissolvatur.

PHILOSOPHIE. — TRAITÉ DE MORALE.

IMPORTANCE ET SOURCES DU TRAITÉ.

En écrivant le livre *de Consensu*, du Hamel s'était révélé comme grand métaphysicien ; sous le titre *De Mente Humanâ*, il avait publié un Cours de psychologie, où ne manquaient ni la force des aperçus, ni la variété des enseignements, ni l'exactitude de la doctrine. Quand il se mit à l'œuvre pour la composition de son *Cours complet*, il eut à revenir sur les deux premières parties de sa tâche, et à les compléter par le *Traité de Morale*.

Du Hamel a pris pour base de ce nouveau sujet d'enseignement les dix livres d'Aristote sur l'éthique. A l'entrée de ses premières thèses, ce qui le frappe tout d'abord, c'est le rapport, facile à mettre en évidence, de la Logique à laquelle était consacré tout un premier volume de la philosophie avec la Morale, qui va remplir tout le deuxième.

L'une gouverne l'activité de l'intelligence, l'autre les exercices de la volonté. L'une discerne la vérité de l'erreur, le raisonnable de l'absurde ; l'autre mar que les règles de la vie, distingue le bien du mal, le le juste de l'injuste. L'une est inspirée par la nature, elle se perfectionne par l'exercice et par l'étude ; l'autre a la même origine ; mais, de la loi qui nous donne la vie, le cœur de l'homme recevrait vainement les premières impulsions vers le bien, si l'éducation ne nous formait pas à vivre, comme l'instruction nous forme à raisonner : les tendances mauvaises, les habitudes trop tôt prises, les préjugés et les mauvais exemples, étoufferaient à sa naissance la flamme des vertus.

Pour la volonté qui doit se conduire, comme pour l'intelligence qui doit s'éclairer, il convient donc à la philosophie de compléter l'œuvre de la nature. De logicien qu'il était tout à l'heure, le philosophe devenu moraliste, montrera les difficultés et les écartera ; il sera le censeur de l'âme qui se pervertit et le médecin des volontés malades. L'âme qui trouve des remèdes pour le corps peut, sans doute, se guérir elle-même ; on ne prouvera pas le contraire. Créatures humaines, « nous sommes formés de deux natures (1) : l'art de soulager le corps et d'en éloigner la maladie a été l'objet de nos recherches ; cet art, nous l'avons établi sous le patronage inspirateur de la divinité ; et nous n'avons dépensé, pour l'art de préserver ou de guérir nos âmes, ni le même empressement à le découvrir, ni la même émulation à le perfectionner. » N'est-ce pas un sujet de stupéfaction ?

Du Hamel est philosophe ; il se propose de rechercher surtout dans la nature même de notre âme et les caractères de la condition humaine ici-bas, les traits généraux de la loi morale ; d'interroger sur le même sujet la tradition philosophique, et le consentement unanime des consciences.

Philosophe croyant, il n'oublie pas que les lumières de la nature ont été obscurcies par le péché originel, et par les habitudes perverses qui se sont si malheureusement multipliées. Il considèrera donc comme sources importantes et tout à fait autorisées d'indications morales, les prescriptions du Chris-

(1) « Cur, cum constemus animo et corpore, corporis curandi, tuendique causâ quæsita sit ars, atque ejus utilitas deorum immortalium invocatione consecrata ; animi autem medicina nec tam desiderata sit, antequam inventa, nec tàm culta posteaquàm cognita est.» — Cicéron.

tianisme, et la doctrine des Saintes Ecritures (1).

La parole du Créateur, comme sa Providence, est le bien de tous ; elle appartient, elle est utile aux faibles comme aux forts, à ceux qui instruisent, comme à ceux qui écoutent. C'est pour un bien petit nombre, au contraire que les recommandations de la philosophie sont intelligibles et vraiment profitables : « On multiplie les livres sans fin et à plaisir, les continuelles recherches sont une fatigue ; il y a une maxime qui résume tous les discours : craindre Dieu, obéir à sa loi, l'homme est là tout entier (2). »

Tout en se souvenant qu'il ne fait pas encore une *Théologie*, du Hamel écrira avec le souvenir toujours présent de la pensée de l'Ecclésiaste.

Il a du reste, au autre sujet de peine et de surprise. De toutes les parties de la philosophie, c'est d'ordinaire à la morale, que les Docteurs donnent le moins de temps et de sollicitude (3) ; ils la négligent pour

(2) Non dubitamus, quin omnis vitæ instituendæ ratio à Christianâ religione sit repetenda. — *Philosophia Moralis, Præfatio.* —

(1) Philosophi perpauci utilia scripsere : tametsi innumerabiles libros de moribus instituendis ediderunt : « Faciendi plures libros, nullus est finis, frequensque meditatio carnis afflictio est : finem loquendi pariter audiamus ; Deum time et mandata ejus observa : hoc est enim omnis homo. »

(3) Illud semper viros graves et pios male habuit, quod plerique philosophi nulla ferè præcepta morum tradant, dum quæstiones alias ex aliis et plerumque inutiles nectunt.

des exercices de pure subtilité et pour des hypothèses sans crédit. Du Hamel n'a omis aucune des questions sur lesquelles les jeunes intelligences peuvent s'exercer avec le plus d'intérêt et de profit. Il veut encore intéresser son lecteur et lui être utile, en prenant le rôle de moraliste et en complétant par un nouveau traité toute son œuvre philosophique.

Une définition célèbre, lui servira de formule pour le programme qu'il se proprose de remplir : « La philosophie est la science du service de Dieu, du droit des hommes, de la modération et de la générosité »

ANALYSE DU TRAITÉ.

La Morale est certainement une science, puisqu'elle se compose de principes incontestables, d'où le sage a déduit des conclusions rigoureuses.

Aucun ordre de connaissances rationnelles n'a un objet plus saisissable ou plus certain : rendre à chacun selon son droit ; à Dieu, à nos parents, à nos semblables, à nous-mêmes.

Il y a une fin de la science morale sur laquelle il importe de s'entendre d'abord : on l'appelle le souverain Bien. Le bien métaphysique c'est ce qui peut être le l'objet d'un désir ; le souverain *Bien*, c'est ce qui est souhaitable, au-dessus et au-delà de toute chose ; le Mal, au contraire c'est ce qui est essentiellement étranger à toute forme d'aspiration ou d'appétit ; c'est le Rien !

Les créatures agissent pour une fin, même celles qui sont privées d'intelligence ; elles recherchent le bien sous une des trois formes que la force des choses lui a donné : l'honnête, l'agréable, l'utile.

Au-dessus des biens particuliers comme des fins spéciales, il y a la fin dernière et absolue : Dieu. Les diverses activités partent de Lui et reviennent à Lui : tel est le point de vue métaphysique et la donnée suprême de la philosophie. Dans l'espèce, l'homme use du libre arbitre pour diriger ,vers un autre terme que Dieu lui-même un trop grand nombre de ses propres actions (1).

La fin suprême et la plus grande félicité possible pourraient être prises par le vulgaire pour une seule et même chose. Entre l'une et l'autre, le philosophe doit mettre en relief une différence capitale. La fin

(1) Deus est finis omnium actionum humanarum, si phycisè spectentur : nam omnes à Deo proficiscuntur, qui omnia in omnibus operatur : at si illæ actiones moraliter, atque ut à libero hominis arbitrio dimanant, considerentur, non omnes ad Deum referuntur ; quia homo persœpe in seipso, aut in aliâ creatura sistit. *Phil moralis, Ltb. I, Disput. II, Quest. III, Conclus.*

supême est un objet ; la félicité, c'est la possession de cet objet.

Comme les créatures se développent toutes pour une fin, les créatures intelligentes agissent toutes, pour la félicité ou le bonheur. Saint Augustin cependant, après Varon, a pu compter jusqu'à près de trois cents hypothèses philosophiques, sur la félicité que recherchent les hommes ; tous veulent bien être heureux, mais nul ne voit aisément en quoi la béatitude consiste (1).

Du Hamel prouve successivement qu'elle ne consiste ni dans les biens de la fortune, ni dans les voluptés corporelles.

Il réfute à cette occasion le système d'Epicure sur la morale et quelques excès de doctrine des stoïciens. La distinction qu'il avait relevée tout à l'heure entre le souverain bien et la félicité dernière, entre la béatitude objective et la béatitudesubjective, l'amène à rechercher les caractères essentiels du bonheur sans limite que la foi chrétienne promet à l'âme juste.

(1) Hœc cum ità sint, incredibilis est tamen Philosophorum hac de ie dissentio : cum S. Augustinus ex Varrone referat ducentas octoginta octo opiniones de felicitate inter se discrepantes numerari posse : adeo verum est id quod docet Seneca « vivere omnes beate velle, sed ad pervidendum quid sit, quod beatam vitam efficiat, caligare. »
Disput. III. Quœst. I.

Il se trouve ici en présence de plusieurs hypothèses recommandables, à des degrés divers par le nom
du philosophe catholique sous lequel elles sont abri-
tées ou par le choix des arguments (1). La Béatitude consiste d'après les Thomistes, dans la seule Vision intuitive, d'après Scot dans le seul Amour, d'après
Auréolus, dans la seule Délectation.

Avec d'autres docteurs, du Hamel concilie ensemble ces diverses hypothèses, et fait entrer dans l'essence du bonheur céleste, la Vision, l'Amour et la
Délectation, cette dernière se confondant par nature
avec les deux premiers éléments de la Béatitude.

Le voilà au terme de sa première partie du traité
de Morale; le second a pour titre général : *Principes des Actes humains.*

L'intelligence et la volonté, d'après lui, ne sont
pas distinctes en réalité, mais seulement dans la
manière de penser et de parler, commune aux philosophes des diverses Ecoles.

Le *concept* de liberté embrasse l'absence de toute
contrainte, et le pouvoir de faire une autre action

(1) Hœc cum certa sint et inconcussa, tamen meritô quœ-
ritur in quâ ex iis actionibus beatitudinis essentia consistat :
an in sola Dei visione clarà et intuitiva, ut Thomistœ
contendunt: an in solo amore, ut videtur Scoto ; an ins ola
delectatione, quœ opinio Aureolo tribuitur.

Ib. II, Disput. III, Quœst. III.

que celle à laquelle on se détermine. La liberté existe ; elle se prouve par l'autorité de l'Ecriture et celle
des philosophes, par la nature de notre âme essentiellement distincte du pur animal et par le témoignage de la conscience. Ni l'action malheureuse de la
faute originelle, ni le concours de la Divinité présente à chacune de nos opérations, ni les résistances
de notre nature elle-même, ni la relation de tout
exercice de notre activité avec le dernier jugement
de notre intellignce, n'empêchent l'âme d'être libre.
La liberté, du reste, attribuée surtout à la volonté n'en
est pas moins, en même temps, une prérogative de
l'intelligence. A l'indépendance de la volonté qui se
détermine, l'indépendance de l'entendemeut qui se
prononce a préparé la voie ; l'intelligence porte le
flambeau et, sur ses pas, la volonté va et vient, se
tourne d'un côté ou se porte vers un autre (1).

La conséquence de cette théorie est importante ;
la liberté humaine grandit à mesure que progresse
l'intelligence humaine ; l'éducation, le culte des lettres, la civilisation *ambiante*, autant de causes de

(1) **Cum autem voluntas sequatur præeuntem intellectum,
flexibilitas voluntatis et indifferentia in eligendo non aliundè
oritur, quàm ex flexibilitate intellectus in judicando : hoc
enim facem præferente, voluntas huc illuc convertitur, aut
flectitur. Ib.** — *Disput II, Quæst IV.*

progrès pour l'entendement, autant d'agents de dilatation pour la liberté

La grâce divine surtout, par le chemin de l'intelligence qu'elle illumine, pénètre jusqu'aux *sources* intimes du libre arbitre pour les purifier encore, pour féconder et consacrer l'indépendance de notre activité.

La question du libre arbitre et celle du mérite sont connexes ; considérables l'une et l'autre, par l'effort qu'elles imposent à celui qui veut les étudier pour les approfondir, elles le sont encore plus, par leur rapport avec la doctrine de l'Incarnation. Mais plus un sujet est élevé, plus il attire les grandes âmes et les esprits puissants. Quelques-unes des pages les plus intéressantes de tout le traité ont donc été écrites sur la nature du mérite dans le Christ ; nous aurions facilement l'occasion de voir qu'elles sont en même temps des plus solides.

La volonté, l'intelligence et leur commune puissance, le libre arbitre, sont les principes *naturels* de l'acte humain ; les habitudes en sont les principes *acquis*.

L'habitude est une qualité adventice, d'où résulte, pour nos diverses énergies, une plus grande facilité d'action. Les philosophes, par leurs propres forces, ne peuvent découvrir l'existence que d'une sorte d'habitudes : celles qui sont *acquises*, dans toute la force du terme. Mais, à propos des mêmes idées que les philosophes discutent près de lui, le théologien éclairé des lumières de la Révélation, monte plus haut et va plus loin. C'est grâce à son intervention, que la notion d'*habitudes infuses* a pénétré dans le domaine de la science.

Infuses ou acquises, les habitudes présentent un triple sujet d'étude aux philosophes et au théologien : Comment s'accroissent-elles, comment se produit leur affaiblissement, comment arrivent-elles à s'éteindre ?

La forme excellente entre toutes de l'habitude, c'est la *vertu*.

Le philosophe a quatre sortes de vertus à étudier. Du Hamel rapproche ici du texte des Saintes Écritures tant de fois cité (1), les deux fameux passages de Cicéron et de saint Augustin. L'un et l'autre expriment au fond une même vérité ; mais, à lire leurs textes, on sent combien les réalités philosophiques ont changé d'aspect avec le Christianisme ; la théorie de Cicéron, comme sa philosophie , était tout humaine , la philosophie de saint Augustin toute divine (2).

(1) Temperantiam enim Sapientia, et prudentiam et justitiam, et fortitudinem docet. *Ecclésiastique.*

(2) Quod ad beatam vitam nos ducit, nihil omnino esse vir-

La première des vertus, la prudence incline l'homme à reconnaître le bien et le mal, pour éviter celui-ci et embrasser celui-là ; c'est une habitude essentiellement active. Elle a comme un cortège de vertus inférieures, l'intelligence, la mémoire, le discernement, la docilité, la sagesse, la prévoyance et la circonspection. Plusieurs sortes de vices lui sont directement contraires ; les uns consistent dans un excès et les autres dans un manque de prudence.

La force ou générosité n'est autre chose, que le courage à braver le péril, et à supporter la fatigue.

La tempérance commande aux plaisirs corporels, particulièrement à ceux du goût et du toucher ; elle se présente sous deux aspects également vénérables : la chasteté et la sobriété.

tutem affirmarim, nisi summum amorem Dei : ut temperantiam dicamus amorem Deo sese integrum incorruptumque servantem : fortitudinem, amorem omnia propter Deum facilè perferentem : justitiam, amorem Deo tantum servientem, et ob hoc bene imperantem ceteris quæ homini subjecta sunt : prudentiam, amorem bene discernentem ea quibus adjuvetur in Deum, ab iis quibus impediri potest.
(S. Aug. *De Moribus Ecclesiæ*, 1.)

Omne quod honestum est, id quatuor partium oritur ex aliquâ : aut enim in perspicientiâ veri, solertiâque versatur ; aut in hominum societate tuendâ, tribuendoque suum cuique, et rerum contractarum fide ; aut in animi excelsi, atque invicti magnitudine, ac robore; aut in omnium quæ fiunt quæque dicuntur, ordine et modo : in quo inest modestia et temperantia.
(Cicéron — *de Officiis, Lib. 1*)

La justice, c'est la ferme et constante volonté de rendre à chacun ce qui lui appartient. Plusieurs autres vertus morales paraissent se rapporter à celle-ci : l'amitié rapprochant d'aussi près que possible, les volontés, les goûts et les manières de voir ; le respect, honorant suivant la vérité, ceux que leur âge, leurdignité ou leur science met au-dessus de nous : la bonté, douce et sereine, attirant à soi par la simplicité du langage et les charmes de l'affabilité.

Le troisième partie du *traité de morale*, est consacrée, non plus aux principes supérieurs des actes humains, mais à ces actes eux-mêmes. Certains actes de la volonté ont pour objet quelque *fin* à poursuivre ; le terme de certains autres, c'est un *moyen* à choisir ou à prendre. Du Hamel étudie, en détail et de près, ces deux catégories de déterminations.

Pour mieux préparer son disciple à comprendre l'enseignement des sages sur la bonté ou la malice des actions, il embrasse, dans une rapide et substantielle synthèse toutes les notions que d'autre sont longuement développées dans leurs traités des *Lois* ou de la *Conscience*, et il se pose enfin une des questions les plus épineuses que puissent rencontrer le philosophe ou le théologien : y a-t-il des actes indifférents ?

Avec saint Thomas et le plus grand nombre des

Docteurs, du Hamel embrasse l'opinion négative.

Un acte, dit-il, est, oui ou non, conforme à la règle des mœurs ; si oui, il est bon ; si non, il est mauvais. Dans la direction de la vie, comme dans la pratiqu des arts, ce qui n'est pas conforme à la règle ne peut être que condamnable (1).

Tout acte, dit-il encore, est accompli pour une fin : si la fin est bonne, l'acte qui est en rapport avec elle, sera louable lui-même ; si la fin est perverse, l'acte est mauvais (2).

Qu'est-ce que la passion ? combien en compte-t-on d'espèces ? Questions intéressantes, qui touchent à la psychologie autant qu'à la morale, et que du Hamel traite à fond. Des diverses passions, celle qu'il analyse, avec le plus d'exactitude et de pénétration, c'est l'*étonnement*.

D'après les stoïciens, toute émotion de quelque violence, était essentiellement mauvaise : il n'y urait donc pas de passion légitime. Aristote et ses disciples faisaient une distinction ; ils louaient sans

(1) Contrà Scotum, omnis actus qui fit cum deliberatione vel est rectæ ratione consentaneus, vel non : si rationi convenit, bonus est ; secus, malus erit. Nam ut artefactis, sic in moribus, quod suæ regulæ non quadrat, malum est.
Ib. t, III, Disp. V, Quœst III.
(2) Omnis actio humana in finem aliquem tendit, qui si sit legitimus, actio cum eo fine comparata, bona futura est : mala, si secus. Ib.

difficulté les passions contenues et dirigées, ils condamnaient les passions indociles. Du Hamel rejette l'opinion des stoïciens, et prend parti pour Aristote.

Il n'y a pas lieu d'étouffer les passions, il suffit de les gouverner (1) ; tant que la raison leur impose sa loi, elles ne doivent pas être considérées comme blamâbles : loin de là, elles sont le ressort des vertus, l'occasion des mérites.

Le livre finit avec cette thèse.

De la première à la dernière page, du Hamel est demeuré fidèle à l'une de ses glorieuses habitudes ; il a constamment élevé les questions qu'il trouvait sur sa route à la hauteur de principes féconds en aperçus et en applications ; sans négliger le détail, il les a toutes considérées dans leur portée la plus étendue.

----

(1) Affectus non sunt extirpandi, sed regendi.
Ib. Quest. ultima.

JUGEMENT SUR DU HAMEL.

I

Dans la hiérarchie des influences sociales et des
puissances intellectuelles, les siècles ont fidèlement
réservé un rang de choix au *philosophe*. Il leur est
apparu, au-dessus des poètes qui lui demandent des
inspirations, des orateurs auxquels il impose des règles,
et des législateurs qu'il anime et dirige, comme l'arbitre de la pensée et l'initiateur des civilisations.

Mais, à mesure que l'opinion universelle l'élevait
à la place d'honneur, elle se montrait plus difficile
pour reconnaître de loin en loin, parmi ceux qui parlent de sagesse, de métaphysique, de morale et de
principes, un véritable philosophe. Comme elle pro-

mettait un plus glorieux hommage, elle imposait justement un plus grand nombre de devoirs, et, comme elle entourait son idéal de plus d'admiration, elle voulait y reconnaître des traits de perfection plus achevés.

Mais, si malaisé à obtenir que semble désormais le titre de *philosophe*, celui de *philosophe catholique* doit l'être davantage.

L'action du premier ne sort pas des limites du temps ni de celles de la nature ; l'influence du second n'a de mesure que l'éternité même ; il prépare ou confirme, dans l'âme qu'il instruit, le règne et les conquêtes du surnaturel. Si les gloires de la terre sont promises à l'un, les splendeurs souveraines dont l'autre est couronné doivent survivre à l'œuvre de la mort (1).

Celui-ci ne négligera donc aucun des devoirs auxquels par sa haute fonction, celui-là est voué ; il devra même en reconnaître plusieurs autres, d'un caractère non moins sacré et d'une portée non moins certaine.

Quand le philosophe catholique entreprend d'approfondir une question ou de développer, soit devant un public de lecteurs, soit devant un auditoire,

(1) Qui ad scientiam erudierint fratres, fulgebunt quasi stellæ in perpetuas œternitates *(Prophète Daniel)*.

il a un but. Il ne pense pas pour penser, il n'écrit pas pour écrire ; il veut faire une œuvre et exercer une influence. A travers l'enchaînement des preuves qu'il établit, il voit des âmes à convaincre, des volontés à redresser, des éducations à refaire ou à perfectionner.

Entre la vérité théorique qu'il discute et démontre, et une responsabilité morale à établir, il y a des relations : il les cherche et les montre.

Croire qu'il y a des vérités purement spéculatives sans aucune sorte d'influence pour la direction générale de la vie comme de la pensée, c'est faire une injure à la philosophie.

C'est lui en faire une autre, en même temps qu'à l'esprit humain, de défigurer et d'amoindrir les questions, sous le prétexte de les rendre plus abordables. Le philosophe ne doit pas reculer devant les difficultés ; qu'il les rencontre lui-même ou qu'elles se soient présentées déjà, soit à un devancier, soit à un adversaire, il les aborde en face, confesse généreusement son impuissance, si elles sont au-dessus de ses forces, et ne s'épargne, s'il peut y parvenir, aucune sorte de sollicitude pour les vaincre. Il se diminuerait singulièrement lui-même, aux yeux de son disciple ou de son lecteur, le jour où on pourrait lui reprocher d'avoir travesti la pensée d'un de ses semblables, pour faire prévaloir plus aisément la sienne.

Ce n'est pas non plus, avec des mots vides de sens que peut être livré ou soutenu le combat des idées: c'est avec des idées. Le vrai sage a horreur du vain appareil des formules et de ces exercices depuis trop longtemps en usage, qui n'eurent pour résultat que d'opposer une expression à une autre expression, jusqu'au jour où aucune des deux n'avait plus de sens.

Mais, moins le philosophe veut faire de son art un étalage de spéculations bruyantes ou subtiles, et moins il veut s'effrayer de la profondeur ou de l'âpreté des questions, plus il lui est impossible de ne pas s'imposer une méthode éprouvée et prudente. On n'a pas le souci du but à poursuivre, quand on ne le cherche pas par le meilleur moyen.

Les grands Docteurs du Moyen Age ont enseigné depuis longtemps par leur exemple la voie sûre du Vrai, à propos du plus grand nombre des questions philosophiques. Ils établissaient avec soin la nature du problème à résoudre, définissaient avec exactitude les termes à employer, posaient et réfutaient les objections, énonçaient et démontraient la thèse.

On leur a reproché d'avoir fait la part trop large à l'autorité, trop faible au libre développement de la raison humaine et à l'induction.

Il appartient à ceux qui leur succèdent, aux premiers rangs des penseurs et des maîtres de la science, de suivre en même temps que leur impulsion, celle, non moins heureuse, de Bacon et de Descartes.

On ne se représente le philosophe chrétien qu'avec la meilleure méthode ; de même , il doit ne le céder à aucun de ses rivaux, pour l'étendue de l'érudition.

La méthode est l'outil, l'érudition est la matière. La perfection de l'œuvre dépend également de la richesse de celle-ci et de la qualité de celui-là. Mais, s'il est possible de déterminer une limite à l'érudition de ceux qui cultivent un ordre spécial de connaissances, la philosophie embrassant toutes les sciences dans sa compréhension, la mesure de l'érudition du philosophe est d'être sans mesure.

Tandis qu'il suffit aux autres d'exceller en un point, le philosophe doit exceller en tous. Il lui arrivera peut-être de l'emporter surtout, comme métaphysicien ou moraliste ; il n'en devra pas moins être un psychologue et un logicien supérieur, connaître les mathématiques, les sciences naturelles, l'histoire, les règles du langage et des arts. C'est une condition difficile que la force des choses lui impose ; la légitimité de son titre et de sa prérogative est incontestablement à ce prix.

On sait que les médecins sont d'autant plus autorisés dans la spécialité qu'ils ont choisie, que leur culture générale a plus d'intensité et d'étendue.

La même loi s'appliquant au philosophe, lui impose de n'être remarquable par quelque aspect, que parce qu'il n'est médiocre dans aucun.

L'universalité de ses connaissances ne porte tort d'ailleurs, ni à l'originalité de son esprit, ni à celle de son œuvre. S'il n'est pas original, à proprement parler, par la nouveauté des conceptions et la découverte de principes inconnus jusqu'à lui, il l'est par le choix qu'il peut faire entre les conceptions des autres, pour en former un *tout* philosophique, au delà et au-dessus des reproches.

Non, le philosophe chrétien n'est pas essentiellement original ; il est essentiellement éclectique ; une matière immense est offerte à son érudition et à son choix, par l'immense érudition qu'il a fallu lui reconnaître. Pour ne pas se tromper lui-même et ne pas égarer son disciple, il a reçu en partage, comme dons précieux de la nature, la pénétration, la délicatesse, les facultés de jugement et d'analyse, le sens exquis de la comparaison. Si l'imagination qui forme les hypothèses, et surtout l'intuition qui monte sans effort, jusqu'aux sources du Vrai, complètent cet heureux assemblage, le Docteur est un grand philosophe ; il s'appelle saint Augustin. Leibnitz et Malebranche.

De toutes les sciences émancipées ou séparées de la philosophie, celle qui importe le plus au philosophe, c'est la théologie.

Dans la théologie et la révélation, le Sage a un moyen d'investigation, qui ne le trompe jamais, et qui est efficace, où la plupart des autres sont impuissants. Sur les principes des choses, la nature des êtres, la destinée des créatures, le rapport de l'Etre contingent avec l'Etre absolu, d'où peuvent venir plus de lumière, que du dogme chrétien ?

Voilà donc comme autant d'obligations du philosophe, envers lui-même et envers le sujet qu'il veut mettre en lumière. Il en a d'autres, non moins délicates, envers les philosophes, dont il ne partage pas les opinions, envers les disciples qu'il a l'ambition d'élever jusqu'à lui, et le public intelligent devant lequel il personnifie la majesté de la Reine des sciences.

Un devoir qui lui est cher entre tous, c'est le respect de la liberté humaine. Il reconnaît à ses adversaires le droit d'être surtout frappés par certaines considérations qui le touchent plus difficilement lui-même. Il ne s'emporte pas ; il ne s'irrite pas ; sa profession n'est pas une milice : c'est un enseignement et une magistrature. Au-dessus des vertus du soldat, il y a celles du Docteur et du juge.

Mais, s'il respecte la nature humaine, il n'en ignore pas les faiblesses avouées ou secrètes ; il sait que le Vrai n'inspire pas à tous le même ardent amour ; que pour le faire admettre, ou même le faire supporter, il faut l'entourer d'agréments et de charmes. Le philosophe ne dédaigne donc pas d'intéresser ; il y parvient, à force de délicatesse dans le choix des termes et d'habileté dans la disposition des matières.

Enfin, il confirme l'autorité de son enseignement par la dignité de sa vie. Sa conduite est une démonstration de ses maximes. Le Maître grandit aux yeux de ceux qui le connaissent, de toute la considération due au citoyen et à l'homme privé.

II

Nous venons de chercher à retracer un idéal du *philosophe catholique* ; nous avons fait, en réalité, le portrait de du Hamel. Telle nous venons de saluer la noble physionomie du Sage chrétien, telle nous était apparue dans l'histoire de l'homme et l'analyse de l'œuvre, la figure intellectuelle et morale de notre savant.

Il n'y a pas un de ses livres pour lequel il n'ait affirmé son désir, d'augmenter, en l'écrivant, la gloire de Dieu et la fidélité des âmes au service de Dieu. Dans toutes les études qu'il a entreprises pour en ouvrir l'accès aux jeunes intelligences de son temps, il a vu un acheminement à l'étude par excellence, celle dont il empruntait la formule au livre de l'Ecclésiaste (1).

Cette science suprême et bienfaisante, il s'excuse, dans la préface du *De Consensu* de ne pas l'avoir directement abordée (2). Il s'en veut de dispenser des forces pour un objet qui ne se confond pas absolument avec elle.

Une fâcheuse tendance commençait à se manifester chez ses contemporains; on travaillait déjà à isoler de la philosophie la plupart des sciences humaines. Du Hamel a voulu protester, par chacune de ses publications, contre de si dangereux efforts; si la tendance est devenue plus tard un entraîne-

(1) V. plus haut, p. 179.
(2) V. plus haut, p. 136.

ment, si le royaume du Sage a été divisé, nul n'a plus fidèlement que du Hamel combattu, jusqu'à la fin, le bon combat. Il a maintenu, inviolable et sacré, le droit de la philosophie sur la Morale, la Pédagogie, la Grammaire, l'Astronomie, les Mathématiques, la Chimie et l'Histoire naturelle.

Plus sa tâche parfois eût paru difficile à tout autre, plus il s'y dévouait avec ardeur. Aux difficultés de détail, aux objections des adversaires, à la puissance des préjugés, aux usurpations de l'esprit de parti, il opposait le même genre de courage, infatigable et maître de lui-même.

Les caractères de sa méthode sont ceux que nous avons énumérés tout à l'heure ; il procède, mais avec moins de raideur et d'uniformité, comme les maîtres du Moyen-Age. Toutefois, comme en même temps qu'à leur école, il s'est instruit à celle de Descartes et à celle de Bacon, il excelle à se servir de l'induction et de l'analogie, suivant toutes les règles que celui-ci a formulées. Comme Descartes, il ne se rend qu'à l'évidence. Il divise les questions pour mieux les étudier, et ne reconnaît la vérité d'une conclusion, qu'après avoir établi la vérité de l'antécédent.

Mais ce qui le distingue et l'élève encore davantage parmi les philosophes de son temps, c'est la variété, en quelque sorte infinie de ses connaissances, en toute sorte de sujets. On dirait que sur chaque question, il a lu tous les livres où elle fut traitée, et que sa mémoire en a fidèlement gardé chaque détail.

Pour ne parler que du *De Consensu*, nous voyons du Hamel y discuter, à propos des démonstrations de l'Existence de Dieu, les théories de Cicéron et des Nouveaux Académiciens sur l'Infini (1).

Plus loin, il développe d'après saint Denys, la notion de l'Idée; d'après le néo-platonicien Chambray, la thèse de l'Unité et de l'Harmonie dans la pensée du Créateur (2).

Au chapitre IV du même livre, il examine et réfute, dans les moindres détails, les suppositions d'Epicure, de Lucrèce et même d'Empédocle contre la Providence; il leur oppose, avec les arguments de Gassendi, la chimie et l'histoire naturelle, condensée tout entière, sous la forme d'une irrésistible argumentation, dans une page éloquente (3). Il relève les contradictions des doctrines; les fait réfuter l'une par l'autre, celle de Démocrite par celle d'Epi-

____

(1) V. *De Consensu, lib.* 1, *cap.* 1.
(2) V. *Ib. cap.* 111.
(3) V. *Ib. cap* 1v.

cure; il livre enfin et Démocrite et Epicure aux invectives de Sénèque (1).

Il ne cite pas seulement l'autorité d'Ammonius et de Lactance, au sujet du fatalisme et du hasard; il résume les principales parties de toute leur œuvre philosophique, comme il a déjà fait, à propos des principes réducteurs de l'entendement, pour Henri de Gand et saint Bonaventure (2).

Le philosophe Durand fournit à du Hamel les plus solides arguments qu'expose celui-ci, pour l'identité des deux actions divines, le Concours et la Conservation. En regard du système d'Averroès sur la Création, du Hamel rétablit les démonstrations de Velléius, de Proclus, de Magnan, et des Commentateurs de la Genèse (3).

Pour l'ordre des créations successives, il fait ressortir l'analogie du récit de Moïse avec les souvenirs du Trismégiste, et celle des traditions révélées avec les hypothèses de Platon (4). D'ailleurs, il a non seulement étudié la philosophie de l'Académie dans le principe des Académiciens, mais encore et à fond dans ses scoliastes des premiers temps de la

(1) **V.** *Ib.*
(2) **V.** *Ib. cap.* v.
(3) **V.** *Ib.*
(4) V. *Ib.*

Renaissance philosophique : Ficin et Pic de la Mirandole.

La première partie du chapitre de du Hamel sur les Formes et leur origine, n'est en réalité qu'une analyse des traités de Fernel (1) sur le même sujet. La deuxième partie, c'est l'analyse des traités de Scaliger, de Thémiste, de Bérigar et de Thomas l'Anglais, où l'opinion de Fernel est combattue.

Dans le livre du *De Mente Humanâ*, le Cours de *Philosophie*, les ouvrages de théologie et de science, c'est le même luxe de citations, le même appareil d'autorités spéciales, successivement invoquées et jugées : Plotin, saint Augustin, saint Bernard, les Pères de l'Eglise, Anselme le chartreux, Rohault, Bacon, Descartes, Gassendi : toute la légion des philosophes, des savants et des théologiens, du sommet de la hiérarchie où les Maîtres ont rendu les oracles, jusqu'aux derniers degrés, où leurs Commentateurs présentent les explications ingénieuses et les distinctions opportunes.

Cette universalité de connaissances, n'est pas moins ordonnée qu'étendue : pas de désordre dans le souvenir, pas de confusion dans l'exposé. L'érudition semble facile et naturelle, autant que les ef-

(1) *Ib., cap.* VI.

forts d'esprit et de mémoire ont dû être opiniâtres.

Il faut nous souvenir que du Hamel, tout jeune encore, n'avait quitté les bancs des écoles publiques, que pour monter dans une chaire. Ce fut pour lui une bonne fortune ; qui enseigne doit savoir, et, d'autre part, on ne sait bien que ce qu'on enseigne. Entre l'étude attentive qui prépare au professorat, et le professorat lui-même, il y a une réciprocité d'heureuses influences.

Si de longs exercices de la mémoire assurent au futur professeur la possession de dons précieux, l'ampleur des aperçus, la confiance discrète en soi-même, l'aisance et la fermeté de l'élocution ; de leur côté, les nécessités de la parole publique, l'obligent, à organiser les matériaux, à les ranger dans le souvenir, de même que dans leur forme extérieure, suivant le degré d'importance, à les rattacher les uns aux autres, pour les subordonner tous aux notions générales.

Les relations de l'auditoire et du maître imposent à celui-ci des devoirs de chaque instant, conditions fécondes de progrès pour lui-même : discrétion dans le choix, netteté dans la mémoire, logique constante.

Mais ce ne fut pas un moins grand bonheur pour du Hamel. d'avoir à enseigner, d'abord, les sciences abstraites. L'habitude des mathématiques forma son esprit à dégager l'idée de ses accessoires ; à n'ac-

corder aux circonstances accidentelles de succès,
de mode, d'expression, qu'un degré inférieur de
portée ; à ne croire qu'à l'évidence, et à ne se confier qu'aux arguments rigoureux.

Les sciences expérimentales vinrent bientôt tem-
pérer, en les complétant, des dispositions si favorables à l'étude de la philosophie.

Il apprit, en cultivant la chimie, la physique et
la minéralogie, le secret des comparaisons intéressantes entre les objets de la métaphysique et ceux
de l'observation, l'art des images, des antithèses pi-
quantes et des contrastes.

Il y était, du reste, préparé par la souplesse admirable de son intelligence. Nul ne peut paraître
plus sérieusement théologien que lui, quand il traite
de théologie, ni plus véritablement chimiste ou logicien, quand il parle à son public de chimie ou de
dialectique.

De cette souplesse naturelle, de la rectitude de sa
pensée en toute chose, et du désintéressement de son
caractère devait naître son éclectisme philosophique.
Il n'a pas d'opinion préconçue. Il n'étudie pour lui-
même et pour les autres un point de doctrine qu'avec
l'ardente volonté d'y découvrir, indépendamment de
toute école et de toute secte, la plus large mesure de
vérité possible.

La multitude des sectes (1) le désole, et il ne fait pas consister l'avenir de la philosophie dans la substitution d'un parti nouveau, à ceux qui existent déjà, mais dans la conciliation des systèmes connus. Aucun nom ne lui paraît prédestiné à ne représenter que l'erreur ; aucun esprit, à n'enfanter que le sophisme. Admirateur d'Aristote, il l'est aussi de Platon ; respectueux disciple de l'antiquité, il a su mettre au nombre de ses Maîtres, Galilée, Gassendi et Descartes. Le titre de son premier ouvrage de philosophie est vraiment sa devise : *De Consensu...*

Toute son œuvre est comme une entreprise de rapprochement et d'union. A ce titre, elle annonce et prépare une action de la même nature, quoique plus efficace et plus profonde, celle du grand philosophe Leibnitz.

Mais il y a d'autres motifs, non moins importants à signaler, de mettre du Hamel, à côté de son illustre contemporain. Cette souplesse de talents et cette merveilleuse étendue de savoir dont nous avons parlé étaient communes à du Hamel et à Leibnitz. Tous deux représentaient, en même temps que l'accord de deux philosophies entre elles, la subordination des sciences à la théologie.

(1) Jam enim plures sectœ sunt quam vellem.. nec mihi est in animo novam facere quam alii sequuntur viam.
De Consensu. Epître dédicatoire.

Le rôle du Sage, pour du Hamel et pour Leibnitz, consiste à étudier le Créateur dans son ouvrage, à défendre contre toutes les objections qui l'outragent ou la diminuent, la double action de Dieu-Créateur et de Dieu-Providence ; à faire de la Révélation le plus puissant des instruments de connaissance, et du dogme chrétien la conclusion inévitable de toute doctrine conçue dans la sincérité, mûrie par la sagesse.

L'un et l'autre voyaient dans la théologie une sauvegarde et une inspiration pour la sagesse créée ; l'idée ne leur venait pas plus d'affranchir la raison de la foi, que le corps de l'homme de son âme, ou la nature du surnaturel, qui la domine en la fécondant.

Ce calme dans la discussion, cet empire de l'émotion et de la parole, cet amour respectueux de toute liberté, dont nous avons dit qu'ils étaient les vertus nécessaires de philosophe, du Hamel et Leibnitz les reçurent en partage, et ne cessèrent jamais de s'y montrer fidèles.

Mais du Hamel, comparable à Leibnitz, de tant de manières, et inférieur par beaucoup de côtés à l'auteur de la Monadologie, lui était cependant supérieur en un point. Il avait, plus que Leibnitz, le souci d'intéresser son lecteur ou son disciple, et il y réussissait mieux.

« Dans mes explications, je veux donner à mon langage d'autant plus de correction et d'agrément, que les matières à traiter seront plus difficiles et moins intéressantes (1) ».

« Les enseignements de l'Ecriture et ceux de la science profane, ont été disposés dans cet ouvrage, de telle manière qu'ils puissent présenter quelque attrait, avec de sérieux avantages. La variété des citations et des autorités intéressera l'esprit de mes lecteurs, et ils oublieront ce qui s'attache parfois de fatigue et d'ennui, à ces sortes d'études (2) ».

L'intérêt dans les livres de du Hamel naît surtout dans la variété des considérations de l'habileté, la disposition des matières ; des exemples ménagés avec art ; des digressions habilement conduites, et surtout, des agréments du style.

Comme pour les Rollin, les des Champs, les Vavasseur, le latin est devenu pour du Hamel *la langue naturelle*. En philosophie, nous l'avons vu recher-

---

(1) *Sermonis* denique in rebus explicandis munditiem, et venustatem quamdam, maximam ubi res sunt sua sponte squalidiores, et obscuriores.

De Consensu. Epître dédicatoire.

(2) Desumpta suis quæque locis sic inseruimus, ut seriam utilitatem aliqua delectatio perfunderet ; ut varietas ipsa sententiarum lectorum animos illiceret, et fastidium quod huic generi studiorum plerumque adhærescit, penitùs abstergeret. (*Philosophia Mor. — Præfatio*).

cher, pour les suivre et les interpréter, un grand nombre de maîtres. En matière de style, il n'en connaît qu'un seul, toujours le même : Cicéron (1).

Puisque nous avons entrepris dans notre conclusion de démontrer que rien ne manque à du Hamel de ce qui fait un *philosophe catholique*, il ne nous reste maintenant qu'à remplir la partie la plus aisée de notre tâche.

Investigateur courageux, érudit consommé, éclectique avisé et indépendant, théologien autant que penseur, polémiste exemplaire, vulgarisateur éloquent des meilleures doctrines, latiniste ingénieux et savant, il fut par-dessus tout un chrétien et un prêtre : le meilleur livre de cet homme qui a tant écrit de livres excellents, c'est encore la vie qu'il a menée.

Doublement conforme à sa conviction philosophique et à sa foi, ce fut la vie d'un sage et d'un saint.

Dans les communautés auxquelles il appartint, et les établissements publics ou religieux où il eut à séjourner, on l'appelait tantôt, « le Saint, » et tantôt, « le Savant ».

---

(1) « A la forme de Dialogues, et à cette manière de traiter la Philosophie, on reconnaît que *Cicéron a servi* de modèle ; mais on le reconnaît encore à une latinité pure et exquise, et ce qui est plus important, à un grand nombre d'expressions ingénieuses. »

Fontenelle. — *Éloge de du Hamel.*

Il garda, au milieu des responsabilités et de l'agitation du monde, les vertus de la vie religieuse qu'il avait embrassée, à l'âge de dix-huit ans. La régularité fut sa gardienne, et la piété fut son inspiratrice ; il vécut et mourut avec les deux ambitions de son adolescence : être pauvre, être utile.

Il a donc tous les titres à une place respectée dans le rang des meilleurs esprits de second ordre, au xviie siècle.

Au dessous des hautes sphères où éclatait la gloire des Pascal, des Bossuet, des Leibnitz, des Corneille, et au dessus de ceux qui cherchaient la renommée avec des fortunes inégales, il y avait au temps de Louis XIV, un monde de belles intelligences, où il était glorieux encore de se faire introduire.

Fléchier y représentait l'Éloquence, Fleury l'Histoire, Bouhours l'Hagiographie, Rollin la Rhétorique et la Pédagogie, d'Ablancourt le Barreau, Gourville les Mémoires, Huet l'Erudition, et du Hamel la Philosophie. Il donnait la main, plus haut que lui, à Malebranche et à Leibnitz ; un peu plus bas, au P. Goudin et au P. Bernard Lamy.

FIN.

PROPOSITIONS.

I. Comparable à celle des plus graves philosophes de l'antiquité, la vie de du Hamel fut couronnée par la pratique de toutes les vertus sacerdotales.

II. Dans cette existence si bien remplie, il y eut un trait caractéristique : l'insatiable passion de trouver la vérité et de la répandre.

III. Du Hamel eut pendant un demi-siècle l'estime ou même l'affection d'un très grand nombre de ceux qui comptaient, à son époque, dans le monde religieux, le monde officiel et le monde savant.

IV. Les livres de du Hamel se partagent à peu près exactement en trois classes : Livres sur les sciences, Publications théologiques, Traités de philosophie.

V. Chacune des trois classes renferme des ouvrages dont le succès ne fut pas moins incontestable que légitime ; la dernière est la plus importante.

VI. Dans les sociétés savantes du temps de du Hamel, il n'y eut ni une situation académique au-dessus de la sienne, ni un nom plus considéré que le sien, ni une publication d'un plus grand retentissement que *l'Astronomie* et le livre des *Météores*.

VII. Les caractères des travaux de du Hamel, sur l'Ecriture et la Théologie furent l'exactitude, la circonspection, la précision et la clarté.

VIII. Savant et théologien, du Hamel a été surtout un philosophe.

IX. On peut même reconnaître, admirablement réalisé en du Hamel, le type vénérable du philosophe chrétien.

X. Par chacun de ses ouvrages philosophiques, du Hamel eut à cœur d'obtenir un résultat, et de rendre les hommes meilleurs.

XI. Du Hamel fit profession d'aborder les difficultés en face, et de ne jamais défigurer une question pour la rendre plus facile.

XII. La méthode philosophique de du Hamel lui fut inspirée par les grands docteurs scolastiques et, en même temps, par les leçons récentes de Descartes et Bacon : respectueuse de l'autorité, rationnelle et expérimentale.

XIII. Comme on a pu le dire autour de lui, l'érudition philosophique de du Hamel semble encore aujourd'hui « n'avoir pas eu de bornes. »

XIV. Du Hamel fut essentiellement un éclectique.

XV. Il eut de la philosophie la même idée que les anciens Sages ; elle lui parut être la science universelle.

XVI. Il se plut à mettre en évidence les liens étroits de la théologie et de la philosophie, non moins que la subordination naturelle de celle-ci à celle-là.

XVII. Plus encore qu'un excellent vulgarisateur des idées catériennes, il faut voir en du Hamel un précurseur de Leibnitz.

XVIII. Ce qui a malheureusement empêché du Hamel de laisser après lui, un souvenir aussi éclatant que respectable, c'est l'absence d'une plus large mesure d'originalité et l'usage trop constamment fidèle de la langue latine.

XIX. Comme du Hamel l'a pensé, toute opération de l'intelligence est une certaine preuve de l'existence de Dieu.

XX. Comme du Hamel l'a pensé, l'état de l'âme séparée du corps ne présente à la philosophie aucun sujet d'objection grave contre l'immortalité de la substance pensante.

Vu et lu en Sorbonne, le 19 décembre 1884.

Le Délégué dans les fonctions de Doyen,

J. J. L. BARGÈS.

V U
ET PERMIS D'IMPRIMER.
LE VICE RECTEUR
DE L'ACADÉMIE DE PARIS.

GRÉARD.

N. B. — La Faculté laisse au candidat la responsabilité des opinions émises dans cette thèse.

TABLE DES MATIÈRES.

BIOGRAPHIE DE DU HAMEL.

DU HAMEL ET SES CONTEMPORAINS.

LES LIVRES DE DU HAMEL.
(Bibliographie.)

Philosophie de du Hamel.

Propositions.

9 782329 028057